李学勤　罗哲文　俞伟超　曾宪通　彭卿云

华夏文明的曙光

中华文明是人类历史上最伟大的文明之一，是人类文明发展的主要构成。中华文明丰富、深刻、辉煌、博大，在人类文明中的骨干作用和领导作用为人所共知。在人类文明的发源时期，中华文明就是四大古文明之一，是地球上文化的策源地之一。

李　默／主编

广东旅游出版社
GUANGDONG TRAVEL & TOURISM PRESS
悦读书·悦旅行·悦享人生

中国·广州

图书在版编目（CIP）数据

华夏文明的曙光 / 李默主编 . — 广州 : 广东旅游
出版社 , 2013.1（2024.8 重印）
ISBN 978-7-80766-417-8

Ⅰ . ①华… Ⅱ . ①李… Ⅲ . ①中国历史—周代—通俗
读物 Ⅳ . ① K224.09

中国版本图书馆 CIP 数据核字 (2012) 第 257543 号

出 版 人：刘志松
总 策 划：李　默
责任编辑：张晶晶　梁诗淇
装帧设计：盛世书香工作室　腾飞文化
责任校对：李瑞苑
责任技编：冼志良

华夏文明的曙光
HUA XIA WEN MING DE SHU GUANG

广东旅游出版社出版发行
（广东省广州市荔湾区沙面北街 71 号首、二层）
邮编：510130
电话：020-87347732（总编室）　020-87348887（销售热线）
投稿邮箱：2026542779@qq.com
印刷：三河市嵩川印刷有限公司
　　　（河北省廊坊市三河市杨庄镇肖庄子村）
开本：650×920mm　16 开
字数：105 千字
印张：10
版次：2013 年 1 月第 1 版
印次：2024 年 8 月第 3 次印刷
定价：45.80 元

出版者识

　　《话说中华文明》是一部全景式图文并茂记录中国文明历史的大书。出版者穷数年之力，会集各方力量——专家、学者、编辑、学术顾问们，在浩如烟海的历史档案、资料、著作中，探珍问宝，追寻中华文明在悠悠历史长河中的灿烂之光。此书的出版，凝聚了编撰者的心血，学术顾问们的智慧。尤其是李学勤先生，亲自动笔写下了序言，更增加了本书沉甸甸的分量。

　　中华文明的历史充满了辉煌与苦难，成就和挫折。它的历史无处不在，决定着我们中国人今天的思想和感情。当今的中国和中国人是中华文明的历史造就的，是中华文明的历史的延伸，也是它的一个组成部分，中华文明的历史之河奔流到现在。

　　中华文明是人类历史上最伟大的文明之一，是人类文明发展的主要构成。中华文明丰富、深刻、辉煌、博大，在人类文明中的骨干作用和领导作用人所共知。在人类文明的发源时期，中国就是四大古国之一，是地球上文化的策源地之一。在人类文明的早期，中华文明成为文明在东方的支柱，公元前后200年间，人类的汉帝国与罗马帝国这两只铁手攫住了地球。在欧洲进入中世纪的时候，中华文明更成为人类文明最主要的领导，它的文明统治东亚，传遍世界。进入近代，中华文明处于自身的重压和西方的欺凌下，但中国人民的斗争史和奋起精神是人类文明历史中不可缺少的一页。

　　五千年的中华文明为人类贡献出了从思想家孔子到科学技术的四大发明、从唐诗宋词到长城运河的伟大创造，贡献出了从诸子百家到宋明理学，从商周铜器到明清文学的深刻内涵，也贡献出了从五霸七强到三国纷争、从文景之治到十大武功的辉煌历史。中华文明的历史绚烂多彩，在人类文明的历史长河中永放光芒。

　　中华文明也是人类历史上最独特的文明，没有哪一个文明像中华文明这样持久，这样统一一致。世界上其他文明不但互相交错，其创造者也都与高加索体质的人种有关，它们是姐妹文明。在人类历史中，只有中华文明才是独特的，它的创造者是中国土地上的中国人民，与其他任何地方的人民都没有关系，它的文化是统一一致的文化，可以不依赖于其他任何文明而生存，但中华文明也绝不是封闭的，它接受他人的文化，也承担自己对于人类的责任。

　　人类进入新世纪，中国的社会经济发展令世人瞩目。人们对于世界未来的政治和经济结构的估计无不以东亚和太平洋为中心，而尤以中国为重点。

　　经济起飞只是当代中国的一个方面，中国的精神文明的建设尤为刻不容缓。如果中国要自觉地发展中华文明，要有意识地使中国的发展具有世界意义，就必须发展强有力的精神文化，这样才能使中华文明的发展进入一个新的阶段，才能形成中国和中华文明的全面现代化。

　　而中国的精神文化的发展植根于中华文明的伟大传统之中。进入近代之后，在西方文化的冲击下，对于中国文化的价值产生大量的情绪化和激烈冲突的论调。"五四"运动打倒孔家店的口号具有冲破封建束缚的时代意义，对中国文化的发展有不容否认的正面意义，与文化虚无主义是完全不同的。文化虚无主义者否定中国传统文化，在现代化的旗帜下主张全盘西化；而复古主义则沉迷于中国文化的古董，走进反进步、反科学的泥潭。

　　历史的发展则超越了所有这些论点，产生这些论调的一百多年来的中国近代史已经结束。历史要求中国发展，要求中国走在全世界发展的前列。西化论和复古论都已过时，历史已经要求世界超越西方，中国可以承担起世界的命运，而中国的现实和世界的历史都说明，中国的使命在于它的发展前进，而非倒退。

　　中华文明走出迷惘的时代，我们这一代处在一个伟大而具有挑战的历史阶段。

　　总结历史、展望未来，这就是《话说中华文明》的意义和使命。我们创作《话说中华文明》，力求总结和回顾中华文明的全貌，在内容和形式上都开创一个新的局面。在内容结构上，既具有一定的深度，又具有相当的广博性，既有严谨、准确的学术价值，又有活泼、流畅的可读性。我们在本丛书内容纳了中华文明的各个方面，使它综合了大规模学术著作的系统性、严密性和普及读物的全面性、简易性，它既可作为大型工具书检索中华文明的各个成分，又可作为通俗的读物进行浏览。

　　我们从上世纪90年代初起就开始思考中华文明的历史和现实问题，并逐渐形成了编著《话说中华文明》的设想。在开展这项庞大的文化工程之始，我们就聘请了国内权威学者李学勤、罗哲文、俞伟超、曾宪通、彭卿云诸先生担任学术顾问，他们对计划作了充分讨论，并审阅了大量初稿。我们聘请了广州、香港地区的社会科学学者、大学教师、研究生以及我社编辑人员几十人担任稿件的撰写工作。

　　通过创作这部书，我们深深地感受到了中华文明的博大精深，也感受到了它的内在缺陷。中华文明具有辉煌的时期，也有苦难的年代，有它灿烂的成就，也有其不足的方面。中华文明在自身中能够吸取充分的经验和教训，就能够使自身健康壮大，成长发展。

　　通过创作这部书，我们也深深感受到了出版事业的使命和重任。我们希望这部书能受到广大读者的喜爱，起到它所应当起的作用。为中华文明的反省、前进和奋起作一点贡献。

目 录

夏 朝

夏禹治水 / 003

夏部族建立传说中中国第一代王朝 / 005

羿、浞生乱·少康中兴 / 007

夏王世系 / 008

商 朝

商民族兴起 / 011

商王世系 / 012

二里头铜爵 / 014

汤灭夏建商 / 015

商王修建二里头宫室宗庙 / 017

名臣伊尹囚禁商帝太甲 / 018

贝币成为货币形式 / 019

商人用甲骨占卜 / 021

殷人问病 / 024

商代纺织业兴盛 / 026

殷人迁都殷墟 / 028

陶器漆器持续发展 / 029

武丁中兴 / 032

祖甲始创周祭之法 / 033

妇好逝世·下葬殷墟 / 034

华夏文明的曙光

商代中期青铜代表作杜岭方鼎铸成 / 036

商代妇好墓保存精美玉刻 / 037

原始青瓷出现 / 039

中国金银器工艺产生 / 040

商人崇信上帝和祖先 / 042

司母戊方鼎 / 044

商代服装上衣下裳 / 045

四 羊 尊 / 046

商代学校教育出现 / 047

象 尊 / 048

鸮 尊 / 049

四祀邲其卣 / 050

豕 尊 / 052

商朝开始在青铜器上铸造文字 / 053

中国青铜文化全盛时代开始 / 054

青铜技术勃兴 / 057

车战代替步战成为主要作战方式 / 060

三星堆青铜人像代表最早的蜀文化 / 063

殷商甲骨文鼎盛 / 066

天文历法学迅速发展 / 069

小子逢卣 / 070

作册般甗 / 071

戈成为主要兵器 / 071

八卦出现于甲骨、金文、陶文 / 072

青铜兵器广泛使用 / 074

帝乙归妹 / 075

姬昌被囚姜太公出山 / 076

商纣荒淫亡国 / 076

西 周

周武王封邦建国 / 081

天 亡 簋 / 081

利 簋 / 083

成王年幼·周公摄政 / 084

伯夷叔齐不食周粟 / 085

保 卣 / 086

周公姬旦奠定周礼 / 087

雅乐成为官方礼乐 / 090

冠冕服装成熟 / 092

中国宗庙祭祀体制在周代设立 / 093

明堂制形成 / 095

六艺教育的形成 / 096

周人始用陶瓦 / 098

周人造浮桥 / 099

周易本经形成 / 099

周人也使用龟卜 / 100

周朝分封诸侯 / 102

令 彝 / 103

师 嫠 簋 / 104

大 盂 鼎 / 105

熊绎创业,楚国基础初步奠定 / 106

昭王南征不返 / 107

何尊铭文证明史籍的可信性 / 107

穆王征犬戎·造父献八骏 / 111

班 簋 / 112

静 簋 / 113

西周新型土地制度井田制普及 / 114

裘卫家族买卖田地·井田制走向崩溃 / 115

曶 鼎 / 117

秦封为附庸 / 118

墙盘铭文为西周最长的铭刻文字 / 119

后宫制度和宦官制度全面建立 / 120

周人划分月相 / 123

厉王止谤·国人暴动 / 126

僤 匜 / 126

周召共和 / 128

宣王中兴 / 128

散 氏 盘 / 129

兮 甲 盘 / 130

虢季子白盘 / 131

毛 公 鼎 / 133

传 遽 / 134

西周青铜器及金文鼎盛 / 134

刺绣工艺产生于周代 / 138

螺钿漆器工艺产生 / 139

商周青铜生产工具发达 / 140

中国原始瓷器产生 / 143

钟 发 源 / 145

龢 钟 / 148

周幽王烽火戏诸侯 / 149

西周人食用饴糖 / 150

幽王被杀·西周灭亡 / 150

夏

朝

华
夏
文
明
的
曙
光

约 2033~1551B.C.

夏朝

约 2000~1551B.C.

约前 21 世纪 ~ 前 17 世纪

传说禹死，原定继位人伯益让位禹子启。一说启杀伯益而嗣位。传说启时有乐舞《九韶》、《九辩》、《九歌》等。

传说启传太康。出现世界上最早的日食纪录。

传说杜康于此时造酒。

传说中国最早记录地震。

约前 16 世纪

帝桀为商汤所灭。

二里头文化，1959 年在河南偃师二里头考古发掘，我国已知最早的宫殿遗址。其一、二期遗存年代与夏代相当，学者多据以探索夏文化。

2000B.C.

巴比仑天文家约于此时开始划出五个行星，后来又从星座中划出十二个顺着黄道的星座，在此原始的天文观察基础上产生了历法。巴比伦数学建立了四则运算、乘方等基本法则。

1990B.C.

埃及第十二王朝开始（前 1990 ~ 前 1778）。在十二王朝时期，埃及的文学臻于极盛。埃及陵墓艺术达到高峰。埃及神话和宗教形成文献。

1990B.C.

赫梯旧王国时期（约前 1900 ~ 前 1650）。赫梯人的数学、法律和政治、社会文书形成泥版，在本世纪出土。

1792B.C.

巴比仑第一王朝第六个王汉谟拉比统治的开始（前 1792 ~ 前 1750 年）。汉谟拉比完成统一两河流域工作，作汉谟拉比法典。波斯帝国开始（前 1750）

1700B.C.

最后阶段之迈锡尼文化（前 1700~ 前 1100 年），亦即是希腊文化之最初阶段。

1584B.C.

埃及第十八王朝开始（前 1584~ 前 1320）。自第十八王朝至第二十王朝统治时期，史学家称为新王国时期（前 1584~ 前 1071）。

夏禹治水

　　根据文献记载和古代传统，尧、舜之时，鲧奉命治理水患，失败被杀，其子禹（约前 2033 ～ 前 1989 年）被推举继承父业，平息水患。禹不辞辛苦，排除万难，居外十三年，三过家门而不入，终于疏川导滞，治水成功。

　　禹吸取其父失败的教训，改变方法，不采取修堤筑坝、壅防百川的办法，而是开沟修渠，以导为主，依据地势高低排除积水和疏浚滞淤，使原来的沼泽"渥地"改变成"桑土"良田。

　　结合河南豫西地区的考古发掘材料看，原始氏族社会末期的仰韶文化和龙山文化早期的文化，还多分布在浅山区和丘陵地区河谷两岸的台地上，

大禹治水像

而龙山文化中期与晚期的聚落遗址，不但数量较前显著增多，而且在靠近河岸两侧地势比较低的地带，特别是在河南豫东大平原地区，也多有分布。这很可能和禹治水成功，使农业生产发展从而促进整个地域发展有关。

华夏文明的曙光

大禹陵

夏部族建立传说中中国第一代王朝

根据文献记载和古史传说，约前 21 世纪，聚居在中原地区黄河中下游两岸的夏部族，通过与周围地区其他部族联盟的形式，首先建立了中国历史上第一代王朝，史称夏。

古籍文献记载夏朝的史料很少，关于夏朝的研究至今仍处于探索阶段。考古工作者在文献记载中夏朝的主要活动地区，进行了大量的考古发掘工作。目前，河南西部地区古代文化发展的序列已基本清楚，属于河南龙山文化晚期和二里头文化早期的文化，很可能与夏文化有关。

夏王朝的统治中心地带，大致西起今河南省西部与山西省南部，东至河南省与山东省交界处，北入河北省，南接湖北省。这一区域的中心是嵩山及其周围的伊、洛水流域、济水流域和颖水与汝水上游地区。

根据文献记载和古代传说，约前 21 世纪时，黄河流域地区已形成了强大的部落联盟，夏族部落是其中重要一员。传说，部落联盟的首领舜，按传统的推选方式传位给禹。舜死后，禹欲让位于舜之子商均，但天下诸侯朝禹而不拜商均，禹遂在阳城（今河南登封东南）即位（约前 2033~ 前 1989 年）。

禹继位后，连续发动征讨位于今汉水上游丹江一带的南蛮三苗的战争，并取得胜利，巩固了王权。为了巩固统一，禹南巡涂山（今安徽怀远境内），大会诸侯。各诸侯执玉帛对禹朝贡，行臣服礼。夷、夏诸侯首领完全臣服于夏禹的统治，成为维护王权的世袭贵族。其后禹再会诸侯于茅山（会稽山），防风部落的首领略有异心，姗姗来迟，遂被禹斩杀。

禹在晚年，曾推选夷人首领皋陶为继承人。皋陶先死，又推举伯益。但当禹死后，部落联盟中一些有权势的贵族，却起来反对伯益，拥立禹的儿子启继任。启趁势杀了伯益，夺得了王位（约前 1988~ 前 1979 年）。传统的"禅让"选举制度从此被破坏，代之以父传子的王位世袭制。

王位世袭制的确立，是形成奴隶制国家的重要标志之一，是一场重大的

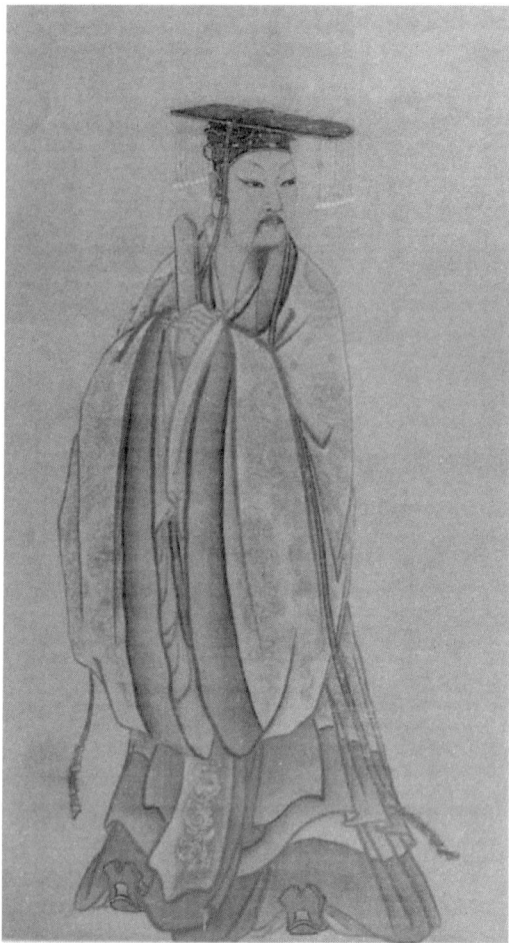

夏禹王像。禹，传说中夏朝的第一个王，鲧之子。因禹治水有功，舜让位于他。在他死后，子启即位，从此开始了王位的世袭制度。

社会变革。夏部落中的同姓邦国有扈氏起兵反对，启亲率大军进行讨伐，双方大战于甘(今陕西户县)，有扈氏战败而被"剿绝"。

启经过巩固王位的激烈斗争，确立了王位世袭制。于是众多邦国首领都到阳翟朝会，启在钧台(今河南禹县境内)召开诸侯大会。这就是历史上有名的"钧台之享"。从而巩固了新王权。

随着王位世袭制的确立，以国王为中心的国家机构等体制亦逐渐建立起来。据说，禹巩固王权后，把当时所了解到的全部土地划为9个行政区域，即九州。这说明，夏代已经打破血缘关系为基础的原始部落界限，开始按照居住地域把居民划分为若干区域，并设置地方官吏进行管理。《左传》中"茫茫禹迹，划为九州"的记载，就是这一情况的反映。

这是国家区别于旧的原始氏族组织的特点之一。古籍文献中还记载有夏代已出现了牧正、庖正、车正(管理畜牧、膳食、车旅)等一系列的职官。从夏代不断地对外战争可以看出，当时夏有一支强大的军队，并在战争中把成批的战俘变成奴隶。夏时已经产生了刑罚，《左传》中说，"夏有乱政，而作禹刑"。禹刑是中国历史上被提及的最早的刑法。

羿、浞生乱·少康中兴

　　根据文献记载和古代传说，夏启死后，子太康继位。这两朝君主均安于逸乐，不恤民命，于是在夏王朝的统治集团内部，先发生太康兄弟五人争夺王位的变乱，后出现武装叛乱，虽被平息，但夏王朝统治力量已经削弱。

　　太康死后，子仲康立。仲康死后，子相立（约前 1868~ 前 1848）。这时东夷族中势力比较强大的有穷氏首领后羿（又称夷羿），趁夏王朝内部发生王权之争，攻入夏都，"因夏民以代夏政"，夺取了王位，号称帝羿。羿掌权后，不吸取教训，自恃善射，不修民事，终日以田猎为乐。不久

夏代文物

后羿被他的亲信东夷族伯明氏成员寒浞所杀，寒浞自立为帝，又夺羿妻子，生子浇及豷。

　　寒浞又命其子浇灭夏的同姓斟灌与斟鄩，并追杀逃亡的夏帝相。结果，相被杀，但相之妻从墙洞逃出，躲藏到母家有仍氏（今山东金乡境），生夏帝遗腹子少康。

　　少康长大后做了有虞氏（今河南虞城）庖正。有虞君主虞思以二女为少康妻，并封之于纶（今虞城东北）。当时少康"有田一成，众一旅"，积极争取夏众与夏民，志在复国。他在斟灌与斟鄩余众的协助下，灭掉了寒浞及其子浇，又命其子杼灭掉了豷，从而结束了后羿与寒浞四十年左右的统治，恢复了夏

王朝的政权。

少康死后，子杼立。他重视发展武装和制造兵甲。杼执政后曾"征于东海"，东夷诸侯都臣服于夏，受其爵命。夏代中兴局面得以形成。

夏王世系

根据文献记载和古代传说，夏代的世系，从夏禹创国到夏桀被商汤所灭，共传十四世，十七王。他们是：

禹
↓
启
↓
太康→仲康→相→少康→予(杼)
↓
槐(芬)
↓
芒(荒)
↓
泄→扃→胤甲(厪)
↓
不降
↓
孔甲
↓
皋(昊)
↓
发(敬)
↓
履癸(桀)

商
朝

华夏文明的曙光

约 1551~1271B.C.

商朝

约前 16 世纪～前 15 世纪

汤（成汤、天乙、大乙、唐，主癸子）用伊尹执政，国力强盛，与夏桀战于鸣条，桀败死，灭夏。

传汤时曾大旱七年，汤祈祷于桑林，果降甘霖，人们歌舞以庆，舞称《大获》，亦称《桑林》或《大护》。舞《大获》时，歌《晨露》（已佚）。旧传《诗·商颂·那》为祭汤乐歌。

郑州商代遗址发现房基、墓葬和铸铜、骨器、陶器、石器等手工业作坊遗存及遗物。

出土的印纹青釉原始瓷尊表明瓷器实肇基于这个时期。

郑州二里岗遗址发现两个相叠的商代文化层。

约前 14 世纪

帝盘庚（般庚）（阳甲弟）迁殷（今河南安阳小屯村），《尚书·盘庚》即此时作品。自是定都于殷二百数十年。

1899 年始发现甲骨刻辞。1928 年以来殷墟发现大量甲骨、青铜器等，并有宫殿、作坊遗址和陵墓，及大量生产工具和生活用具。

出土铸作青铜器的熔锅、模、范、金属原料和大炉等，已有规模甚大的铸铜作坊。用复合范铸造青铜容器，并能合理使用铜、锡、铅的配比铸造青铜合金，冶铸技术已经成熟。模、范均精工雕刻，工艺发达。

河北藁城、北京平谷县各有用陨铁制造的铁刃铜钺出土。约当盘庚时。

1503B.C.

印度恒河文化鼎盛。

埃及第十八王朝法老吐特摩斯三世即位（前 1503 ~ 前 1491，一作前 1525 ~ 前 1491）。埃及由战争及统治中获得大量财富，呈现空前繁荣。

1424B.C.

埃及第十八王朝法老阿蒙诺斐斯四世（即伊克那顿前 1424 ~ 1388 年）拟实行宗教改革，遭到僧侣的强烈反对，国内大乱。

1400B.C.

赫梯王舒皮鲁琉母三世在位时，国势达到极盛时期。

1296B.C.

赫梯渐衰落，亚述勃兴，赫梯受其威胁。

商民族兴起

约在前 21 世纪，帝喾次妃，有娀氏之女在洗浴时见到玄鸟堕下的蛋，吞食后怀孕，生下商民族的始祖契，这一传说反映了人类早期母系氏族社会时代，属群婚制形态，人们只知其母而不知有其父。至此，这种文化现象告结束，父系制时代开始了。

契又称殷契。是一个部落的首领，曾协助大禹治理水患，因功被帝舜封于商。其活动区域在东方的渤海沿岸及河南河北，和山东半岛、辽东半岛。

从契至主癸，共经历了十三代，前后延续七、八百年，这一时期是商与夏共存的时代，是商民族发展的第一阶段。有以下明显的文明成就：契的孙子相工发明了马车，把商民族的活动范围扩展到了海滨，加强了和海滨各民族的

简狄像。简狄，古代传说中帝喾之妃，因吞玄鸟卵而生契（即商之始祖）。

经济文化交往。契的第七代继承人王亥发明了牛车，开始了畜牧业，和各部落之间有了商贸往来，并以贝作为货币，活动范围已经达到黄河北岸。

王亥在一次与有易部落首领的宴饮中发生冲突，被有易部落首长绵臣当场杀死。王亥之子上甲微继位后，决心为父报仇，便联合方国大败有易部落，杀死绵臣。

上甲微的这次胜利，是商族发展史上一次不小的转折。商族开始过相对稳定的定居生活，进一步扩大自己的势力。后世追祀先公先王时，都是由上甲开始，用牲十足；商王用十干纪名，也从他而始，可见后世对他的崇敬。

自上甲微始至主癸六世，甲骨卜辞记有：乙未酒兹罟上甲十、报乙三、报丙三、报丁三、示壬三、示癸三、……大丁十、大甲十……（《殷契粹编》112）这与《殷本纪》所记："微卒，子报丁立。报丁卒，子报乙立。报乙卒，子报丙立。报丙卒，子主壬立。主壬卒，子主癸立。主癸卒，子天乙立，是为成汤。"稍有出入，《殷本纪》将报丁错载于报丙之前，示壬、示癸作主壬、主癸。它是著名的甲骨出土面世重建商代历史的顺序的关键证据，也证实了《史记》关于殷商史的记载除个别次序颠倒外，基本可信。

"衣（殷）王勤商，十有四世而兴"。约前16世纪商传到第十四代成汤，他任用伊尹为相，国力强盛，在夏王朝的诸侯小国中很有威望。当时夏桀荒淫暴虐，朝纲不振，诸侯纷纷起兵反叛。成汤趁势发兵，一举灭夏，建立商王朝，开始了商室统治中国的历史。

商王世系

从商汤灭夏建立商朝到商纣被周武王攻灭，共传17代，31王，历时600年左右，从盘庚迁殷到纣亡国，共传8世，12王，约273年。

商王世纪对了解殷商历史，对甲骨文、金文等出土文物的分析断代，意义重大。据《史记》、甲骨文、《竹书纪年》等资料可把商族先公世系及商王世系列表如下：

契
↓
昭明
↓
相土
↓
曹圉
↓
昌若
↓
冥
↓
王亥→王恒
↓
上甲微
↓
报乙
↓
报丙
↓
报丁
↓

主壬
↓
主癸
↓
大乙（汤）
↓
太丁→外丙→中壬
↓
太甲
↓
沃丁→太庚
↓
小甲→雍己→
太戊
↓
伸丁→外壬→
河亶甲
↓
祖乙
↓
祖辛→沃甲
↓

祖丁→南庚
↓
阳甲→盘庚→小辛
→小乙
↓
武丁
↓
祖庚→祖甲
↓
廪辛
↓
康丁
↓
武乙
↓
文丁
↓
帝乙
↓
帝辛（纣）

陶牛车。传说商朝的祖
先王亥远在夏朝初年就
驾着牛车、载着帛，到
远方部落去贩卖商品。

013

二里头铜爵

　　商代前期二里头文化时期的青铜酒器铜爵，是中国已知最早的青铜容器。它于河南偃师二里头出土，迄今共发现 10 件，造型互有差异，表现出尚未定型的早期特征。但一般来讲，爵体截面呈橄榄形，属扁体爵，器壁较薄，束腰，

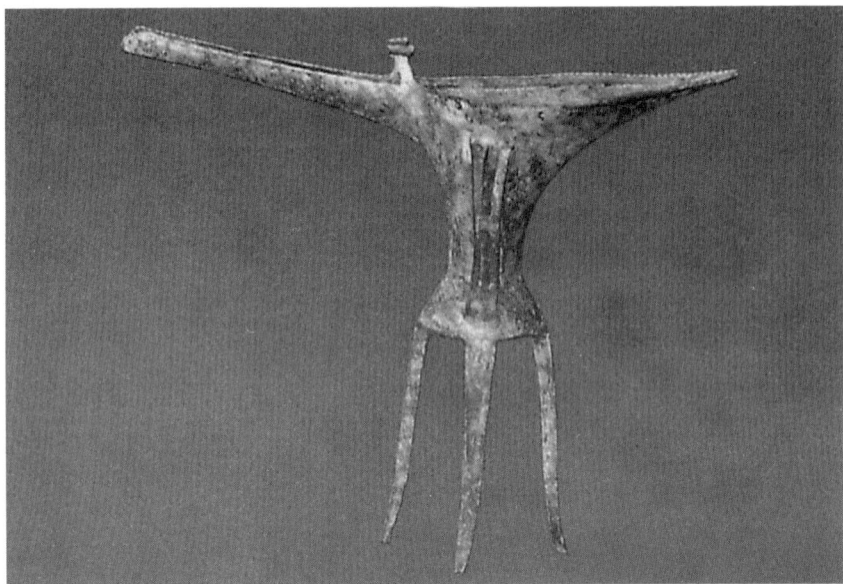

乳钉纹爵。二里头文化遗物，河南偃师二里头出土。乳钉纹爵是古人使用的一种酒器，也是中国最早的青铜器之一。

平底，细锥足，流较长，多作狭槽形。尾较长，流尾倾斜度不大，流、口间多无柱，也有置短钉形柱的。鋬弧度较大，有的为镂空饰。鋬与一足在一直线上，其余二足在另一侧。素面无铭。

　　比较典型的为 1975 年发现的河南偃师四角楼的一件铜爵，通高 22.5 厘米，流至尾长 31.5 厘米，造型挺拔、匀称，但较为单薄、纤弱。胎很薄，仅约 0.1

河南偃师商城遗址。位于今偃师县城西南。学者认为此即商汤建立的"西亳"都城。图为商城一号建筑群中的四号官殿。

厘米，口沿周边隆起一道凸棱，起加固作用，流至口处有两个短柱。腹部一面有两道凸线，中间排列5个乳钉，算是纹饰。鋬较长，有两个镂孔。三足尖细，向外撑开，鋬下一足较长。足高流窄长，尾阔、末端尖锐，但重心稳定，没有同期其他爵头重脚轻之弊。

青铜爵在二里头起端后，主要流行于商代后期至西周中期，西周后期逐渐消失，它的造型为具有鲜明青铜器特征的艺术创造。商代后期，爵的造型渐趋成熟、圆满，比例协调，器身加高，短柱加长并后口部后移，爵腹部由方转圆或卵圆，三足成棱形尖锥体，纹饰华美，造型优美、挺拔。

汤灭夏建商

约前1551年，汤的军队攻占了夏都斟鄩（今伊洛地区），就此，夏王朝灭亡，汤建立了商王朝。

汤，又名成汤或成唐，甲骨文称大乙（还有他名）。其始祖名契，相传是帝喾高辛氏的后裔，契母简狄，有娀氏之女，吞玄鸟（燕子）卵生契，故曰："天命玄鸟，降而生商"，因此商族曾以鸟作为氏族的图腾。商族经过长期的发展，力量逐渐壮大起来，至汤时，迁居于亳（今河南濮阳），这里是夏和先商交

界地区。从亳到夏的都城斟鄩，是一片平原沃野，没有什么山河阻挡，汤便于此组织军队向斟鄩进军。汤迁居亳是进行灭夏的准备。

对待周围各小国，商汤尽力扩大自己的影响，争取各方国和部落的拥护和支持。《史记·夏本纪》里记载："汤修德，诸侯皆归汤。"当汤看到夏桀的统治基础已根本动摇。灭夏时机已经成熟时，便召集诸侯开会申明，为了执行天的命令，必须征伐暴虐百姓的夏王朝。

经过一番准备之后，商汤于前1551年征伐夏桀。出发前，汤发表誓师词，据说这就是今天保存在《尚书》里面的《汤誓》。汤攻夏的进军路线是从亳起兵先伐葛、韦、顾，再伐昆吾，最后直捣夏的都城斟鄩。夏桀面对汤的进攻，毫无防备，不战而逃，后逃至南巢被囚而死。汤安抚夏朝臣民后举行祭天仪式，宣告夏王朝灭亡。其后，他在三千诸侯的拥戴下登上天子之位，宣告

商汤像

商王朝的成立。经过二十年征伐战争，汤统一了黄河中下游地区，影响达于上游，统治区域空前辽阔。

商代建立之后，汤吸取了夏桀的教训，告诫臣属不能象夏桀那样贪图享乐，压榨百姓，而要"勤于事"，"有功于民"。他自己也以身作则，定期巡守天下，施仁政，勤政爱民，曾自充牺牲为民祷雨，颁布四方献令，要求各地进贡时只贡所出产品，不能在价值上互相攀比，这减轻了人民的负担，受到各地诸侯的欢迎。

商朝的建立，使生产力得到巨大发展，并且使古代文明的进步获得转机，它使中国成为与埃及、巴比伦并称的上古文明国家的代表。

商王修建二里头宫室宗庙

河南偃师二里头宫殿遗址复原大型
木构建筑

约前16世纪，商王利用前代建筑遗留下来的基址，在今河南偃师二里头村南修建宫室宗庙。宫室宗庙建在面积约1万平方米的大致正方形的夯土台基上。巨大的夯土台可以起到防潮、卫生、加固的作用，并使宫室显得更加雄伟壮观。夯土台东西长108米，南北宽100米。台基中间建土台，长36米，宽25米。宫室就建在土台上。经过对遗址的考古挖掘和复原工作，大致可以推测二里头宫室宗庙是一组围廊四合、宫室居中的建筑。宫室是一座长30.4米，宽11.4米的四门重屋式殿堂。殿前为广庭，面积达5000平方米，殿堂四周还有一面坡或两面坡式的廊庑。屋顶以纵架结构，即以外檐柱和与外檐柱平行的墙顶为支点架设斜梁或称大叉手屋架，转角处斜架形成角梁。总体结构属面阔8间、进深3间的平面布局。院内的殿堂基本位于后部院的正中，前部大门也基本位于前院的正中，因院落前后部宽度不同，两座建筑就不在同一轴线上。院墙与院墙，建筑与院墙并不是严格平行，表现出当时建造的随意性。同时也反映出当时的建筑观念只是把个体简单地叠加在一起而形成群体，而没有进行建筑群体的艺术搭配。

二里头宫室宗庙建筑遗址于 1959 年发现，是目前所知中国最早的宫室宗庙建筑，其建筑格式与风格对后世具有较大的影响。

名臣伊尹囚禁商帝太甲

伊尹像

约前 1544 年，商老臣伊尹立太丁之子、成汤嫡长孙太甲继位，传说还亲作《伊训》、《肆命》、《徂后》等教导太甲。太甲继位后，"不明、暴虐、不遵汤法、乱德"，伊尹屡谏不止。太甲三年，伊尹将太甲囚禁在王都郊外的桐宫（今河南偃师），自己代行天子职权，摄行政当国。

太甲居桐宫三年，在伊尹的耐心开导下，悔过反省，开始弃恶从善，施行仁义。伊尹便迎太甲归朝当政。太甲复位后，果然政通人和，诸侯归顺，百姓安居乐业，大有成汤之风。传说太甲死后，伊尹作《太甲训》3 篇，颂扬太甲，并尊他为太宗。

伊尹为商王朝开国功臣，曾辅佐商汤推翻夏桀，建立政权，又辅佐外丙、仲壬、太甲三王，立下汗马功劳。有传说，伊尹名阿衡，地位卑贱，看到汤是个有作为的人，便乘有莘氏嫁女之机，以陪嫁奴仆身份来到商。伊尹善烹调。到商后为汤掌厨，他利用侍俸汤进食的机会，给汤分析天下形势，历数夏桀暴政，进献灭夏建国的大计。后来，他得到汤的信任，并被任命为"尹"，即右相，从此跟随商汤灭夏立商，成为商政权中一位赫赫元老。

太甲之后，沃丁即位，伊尹自觉年老，不再参与朝政。沃丁八年，伊尹病死，相传已有百年之寿。沃丁以天子之礼隆重地安葬伊尹，用牛羊豕三牲祭祀，并亲自临丧三年，报答他对商王朝的贡献。

伊尹的名字见于甲骨文，记载他历享后代商王的隆重祭祀。他是中国历史上第一位民臣形象，在商王朝的建立和巩固中起了不可估量的作用，特别是他的政治主张对整个商代都起了决定性的作用。

贝币成为货币形式

原始社会末期，贝就开始作为交换的中介物，这是贝币作为货币形式的萌芽时期。

到商和西周（前 17 世纪 ~ 前 771 年）时期，贝币已经成了流通中的主要货币形式。

贝壳成为中国的早期货币，并非偶然。贝壳是古代人们所喜爱的一种装饰品，它们色泽光彩美丽、坚固耐用，很容易成为日常交换的媒介。贝壳产生于海洋，夏商两代主要活动在我国东部近海但

东周无文铜贝。大约在商代晚期至西周，商业贸易的范围逐渐扩大，海贝供不应求，金属铸币应运而生。最早的金属币仿照贝型，所以称为"铜贝"。铜贝的使用，弥补了货币流通的不足，并为中国古代金属货币的发展奠定了基础。

贝币。贝币，中国最早的货币，大约在夏代开始使用，商代和西周时期已成为主要货币。贝币是产于南方暖海的海贝，由于它携带方便、坚固耐用，所以被古人从馈赠、赐赏的装饰品转化成集市交易的原始货币。图中大贝为商代遗物，河南安阳殷墟出土。小贝为商代后期遗物，河南安阳妇好墓出土。

又与海岸有一定距离的地区，贝壳的供给量多少适中，既便于普及，又能在一段时间内保持价格的稳定。而且，贝壳比较容易加工成可以分合之物，易于计量。所以，贝壳成为中国历史上较早的广泛使用的货币，是很自然的事。

贝壳最初是作为贵重的装饰品传入北方的，到商代时才真正成为货币形式。这一点，已经得到考古资料的证明。在史前的仰韶文化和二里头夏代文化的遗址中都发现有贝，但数量很少，主要作装饰之用；在商代，用贝做为随葬品的现象已相当普遍，到商代晚期，墓中随葬的贝的数量明显增多，从数百枚到数千枚，最多达到六七千枚。同时在商代金文中也出现有商王将贝赏赐给臣下的记载。这说明贝已不仅仅作为装饰品，而是具有特殊价值的物品了。将单个的贝币用索穿连成串，每5个贝为一系，2个系为一朋，10贝1朋，为1个计量单位。在商代墓葬中，还出现了石贝、铜贝、玉贝、骨贝等仿制品，说明人工铸币也开始使用。从文字学上看，甲骨文中贝字和从贝的字很多，所有从贝的字都含有财富、珍宝、贮藏的意思，这也说明贝已具有普遍的货币作用。

到西周时期，仍然以贝币为主要货币，《诗》中有"赐我百朋"的诗句，全文中也常有关于贝和朋的记载。这一时期天然的海贝数量减少，随着铜器铸造业的发展，铜铸贝币的数量增多。在河南辉县玻璃阁周墓中一次出土的鎏金铜币就达1000多枚。贝币是我国最早的货币形式，中国货币由此衍化，发展到后世的金、银、布帛和纸币，构成了自史前时期至明清两代独具特色的独立货币体系和货币文化。

商人用甲骨占卜

占卜是中国古代的一种预测方式，先民们在万物有灵观念的支配下，往往就某件事的吉凶成败向神灵请示，以期了解神意，求得神灵保佑。占卜活动在古代被看作是沟通人神关系的最灵验的方法，早在新石器时代，先民就开始用兽骨进行占卜。到商代占卜问卦的活动开始规范化，人们用龟卜和兽骨（主要是祭祀用的牛肩胛骨）占卜，并根据卜兆的纹式来判断事务的成败与吉凶。这些用以占卜的龟

协田卜骨。武丁时期的牛骨刻辞："王大令众人曰协田，其受年？十一月。"意为：十一月商王命令众人协同耕作，年成怎样？

甲和兽骨称为甲骨，刻在其上的卜辞就称为甲骨文。商朝也称殷朝，殷墟的发现与发掘为我们研究商人甲骨及占卜提供了实物依据。殷墟总面积 24 平方公里，出土了 15 万片以上的甲骨，甲骨上契刻的文字多是商代王室占卜的卜辞。解放前前中央研究院曾组织对

龟甲上的文字。商人用龟甲和牛胛骨占卜，并将占卜的结果记录于其上。图为河南安阳殷墟小屯南地出土的龟甲。

安阳小屯殷墟进行发掘，共得有字甲骨 29000 余片，河南省博物馆也在小屯村掘得有字甲骨 3656 片，1973 年中国科学院考古研究所在小屯村南地发掘出5000 余片甲骨。甲骨文记载了殷商社会生活方面的内容，借助于这些实物史料，我们可以较充分地了解商人占卜的情况。由于龟腹甲匀称悦目、易于处理，在商代成为主要的占卜材料。除龟甲外，商人占卜还用骨，其中以牛肩胛骨为主，也有少量鹿、羊、猪、马等兽骨，甚至还有个别人头骨。甲骨在占卜之前都必须先行整治：首先要对它们进行锯削。龟壳自腹甲与背甲之间锯截为二，腹背之间相联的甲桥存留于腹甲上，同时锯去外缘部分使之成为有规则的弧形。背甲则从中脊处平分对剖为二，或锯去中脊凸凹不平之处，再锯去首尾两端，便成鹅卵状。卜用胛骨也要锯去脊骨及臼骨。其次则要对甲骨进行刮磨。对龟甲要刮去胶质鳞片，刮平坼纹，磨琢高厚之处，务使全版均匀，最后再加光磨使有光泽。对胛骨则是将正面锉平，摩刮光润。

甲骨占卜主要是商朝王室向神灵或先祖问事的仪式，由专职的占人进行操作。商人极为迷信，几乎每事都要贞卜，而且一事往往反复卜问多次。每次占卜的程序是一致的：

首先，在甲骨上进行钻凿，经钻凿的位置较其它位置为薄，因而经灼烤

后就容易爆裂呈现兆纹。钻凿是商人的发明，商朝以前龙山文化遗址中的卜骨，就只有灼痕而无钻凿的痕迹。所谓钻，是在甲骨上钻出深而圆的穴，凿，则是在钻穴的一侧凿出口宽底窄的枣核形长槽，钻凿可以合用也可以单独使用，但都不能钻透骨面。

钻凿之后，再用一加热金属器在钻凿处进行灼烧，灼烧后甲骨便发出"ｐｕ"的爆裂声，并在正面出现"卜"形裂纹，即告占成，卜者可根据兆纹的纹式和走向来判断所问事项的吉凶。人们之所以称占卜为"卜"，其实字形正取自兆纹之形，而读音则拟自甲骨爆裂之声。

然后，占人根据兆纹判定吉凶，并把卜辞刻在兆纹附近。有时为了美观和显示郑重，还把字划涂上朱砂或涂墨。对于反复多次的占卜，有时还标上占卜的次数。这一套用甲骨占卜的方法，一直延续至汉代，而且历代都设有专司占卜的官职。

宰丰骨匕刻辞。此刻辞记载帝乙或帝辛时，宰丰受到商王赏赐的事情。这块牛骨所刻文字，已有精妙的间架结构，熔奇变的章法、布局于一炉，显示出卜辞的书法，在结构上重心安稳、错落有致，有疏密得当、疐展分明的艺术效果。

刻在甲骨上的卜辞，就是今人所称的"甲骨文"，它主要用于记录占卜的内容，字数多寡不同，每条卜辞多者近百字，少者三四字，通常在二三十字左右。

一条完整的甲骨卜辞，包括四个部分：叙辞、记录占卜日期和占卜者；命辞，是要占问的事项；占辞，是卜者依据兆纹判断所问之事的成败吉凶；验辞，则是占问的应验记录。比如，《前》4.4.2 的这条卜辞：

"壬申卜，殼贞：重毕麇。丙子窜麇。允毕二百有九。"

表明是壬申日由名叫"殼"的卜者进行占卜，询问畋猎狩鹿的事。占卜的结果兆示应在丙子日猎麇。结果，该日果然猎得麇鹿二百零九只。"允毕二百有九"就是验辞，它当是在事情应验之后追刻上去的。

商人占卜的内容很丰富，田猎之外，还包括收成、天象、祭祀、征伐等等，甚至生病做梦也必占卜，另外，历代商王在每旬之末，都要贞问下旬的吉凶，因而甲骨卜辞中占旬之辞也就特别多。

占卜职业都是师徒相授，他们可以凭技术经验在一定程度上控制龟上兆纹的走向和纹式，也可迎合占问者的心理进行解说阐释。不过，龟甲占卜毕竟受工具本身物理属性的限制，比如龟甲的质地，钻凿的深浅，火焰的强弱，都可能影响兆纹的形状，无法随心所欲，因而自汉代以后，甲骨占卜渐渐湮灭；而那种可以凭现实需要妄加解释的形式，如占梦等，因为成功系数高而迅速发展和流行。

由于龟腹甲匀称悦目、易于处理，故在商朝龟腹甲渐渐成为主要的占卜材料。殷墟的发现与发掘为我们了解商人甲骨及占卜提供了有力的证据。殷墟总面积24平方公里，出土了15万片以上的甲骨，甲骨上契刻的文字多是商王占卜的卜辞。借助于这些丰富的实物史料，可以较充分地了解商人甲骨占卜的情况。

殷人问病

大约在前14世纪，我国人民就开始了使用中草药的历史，在殷商古墓中发现的桃仁、郁李仁是考古发现的中国最早的药物，表明殷商时代，中草药已经在治疗疾病的活动中使用。在公元前一千年左右，中药草已经被比较广泛地使用，在《诗经》中已经记载了茉苜（车前草）、蚕、菴（益母草）、葛、苓、芩、蒿、芍药等植物药材，恰好可以证明这一点。

同时，在前2000年~前1000年之间的夏商时代，先民们对疾病的症状已有了初步认识，并探求病因。

殷墟中出土的记录殷人活动情况的16万片甲骨中，有三百多片，四百多

甲骨文"疾手"刻辞

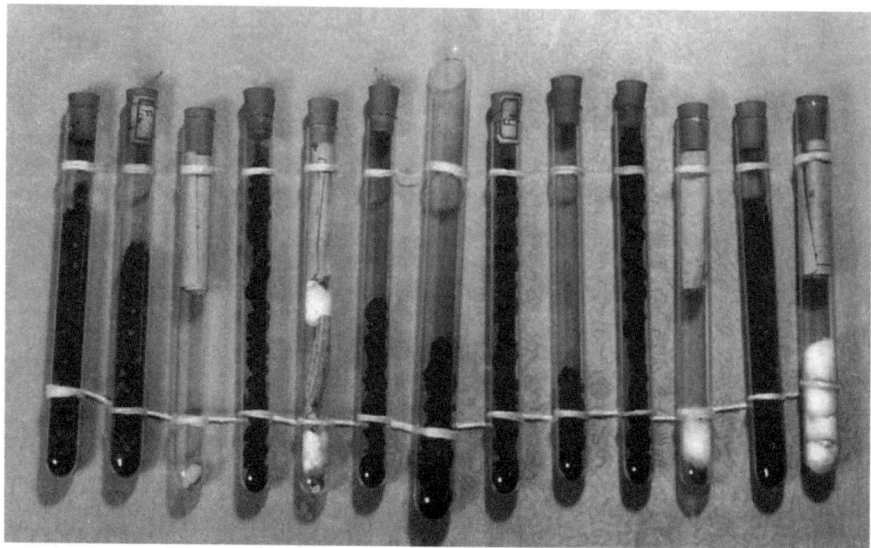

商代药材标本。河北藁城商代第十四号作坊遗址出土，计有桃仁、郁李仁等。

甲骨文"疾齿"刻辞。这是记录占卜龋齿能不能痊愈的一片甲骨，殷墟中16万片甲骨，有300多片与医学有关。

华夏文明的曙光

条与医学有关。主要记录王室成员的疾病情况，涉及二十多种疾病。如疾首（头病），疾目（眼病），疾耳（耳病），疾腹（腹病），疾止（足病）等，大部分以疾病部位来命名，也有按人年龄、性别命名的，如疾子（小儿病），疾育（妇产科病）等，也有按疾病的特征来命名的如蛊，龋，疟，疥等，包括了后世的内、外、脑、眼、耳、鼻、喉、牙、泌尿、妇产、小儿、传染等科。特别是殷人已有了关于疾年的记录。"疾年"指多疾之年，被认为是流行病的最早记录。

商代已设有专司医药疾病事务的官职"小疾臣"。商人对于疾病，除祭祀鬼神以求福佑之外，治疗的方法见于卜辞的有针刺、艾灸以及按摩。

最早的针刺是用砭石，《说文》中说"砭，以石刺病也"。河北藁城的商代遗址中就出土有用于医疗的砭镰。

从这些资料中，可以清楚地看出殷人对疾病和医学知识的掌握程度。

商代纺织业兴盛

中国在新石器时代晚期就已掌握了丝绸织造技术。进入奴隶社会以后，奴隶主竞豪奢华、锦衣玉食，大力发展纺织技术，从而到商代时，纺织业呈现出一片兴旺景象，其中尤以丝绸技术为最。

在甲骨文和金文中，载有不少同衣着服饰和与纺织有关（比如原料、缫纺、编织和丝织品等）的文字，与商周时期的其他文物互相印证，反映出这一时期纺织技术发展的脉络与纺织业兴盛的景象。

河北藁城出土的商代麻布残片

甲骨文中有许多涉及到蚕桑的字和卜辞。桑字有多种写法，且其用法可分为表示桑树、桑林和采桑的，直接反映了商代的蚕桑生产。关于蚕的象形字，甲骨文中约有十余种，出土的殷代玉蚕和骨蚕实物的形态与它们极为相似。甲骨文中还有关于蚕桑的完整卜辞，比如有关呼人省蚕事的事例有的竟多达 9 次之多，可见蚕桑生产在当时所处的重要地位。在商代，人们有祭蚕神的隆重仪式，以求蚕桑的丰收，甲骨卜辞中的这些记载说明蚕桑事业在中国商周时期已成为相当重要的生产内容。

商代已设立了"上丝"的职官，专门管理发达的蚕桑丝织业。甲骨文中有关"缫"字的象形文字构成了热缫法的操作图景。这说明商代已基本具备了缫丝工艺技术和工具。

商代纺织业丝绸门类里出现了技艺水平很高的

河北出土商代麻布

织花纹绮，尤值一提。纹绮的形式多种多样，有回形的菱形斜纹织花（平纹织地）、异向纬斜纹显花（平纹织地）。有的纹样由平排连续的雷纹与三根平行线组合的横条图案，布局匀称，极为美观。河南安阳出土的一把商代青铜钺，上面附有回纹绮残痕，足以说明商代的丝绸织花技术达到了很高水平。

华夏文明的曙光

殷人迁都殷墟

1930 年殷墟发掘现场

从商建国至盘庚执政，历经四次迁都。

前 1312 ～前 1285 年，阳甲死，其弟盘庚继位，为了摆脱困境，避免自然灾害，于是决定从奄（今山东曲阜）迁都至殷（今河南安阳西北），但遭到不少商民的反对。盘庚便利用宗教对商民们进行威慑恫吓，说先王们按照上帝的意志迁了五次都，我也经过占卜，"卜稽曰：其如台"，因此迁都的计划得到上帝的允许，并不是我个人的意愿。你们要服从上帝的旨意，否则上帝就要惩罚你们祖先的灵魂。结果商民们不敢违背上帝的旨意，跟随盘庚迁至殷地。从此安定下来，直至商纣灭亡，共历八世，十二王，273 年。

殷在前 14 世纪末至前 11 世纪作为商代后期的都城，也是中国历史上可以肯定确切位置的最早的一个都城。盘庚迁殷虽然披上一件神意的外衣，但却是历史的一大进步。商迁殷后，政治有所改善，社会比较稳定，经济、文化都得到很大发展。盘庚迁殷成为商代的一个重要转折点。约前 11 世纪周武王灭殷后，殷城逐渐荒芜，时间一久，变成废墟，慢慢被埋在地下，后人称为殷墟。自盘庚迁殷到帝辛（纣）亡国 273 年，国号也称殷，一般也称作殷代。整个商代也称为商殷或殷商。

殷墟作为商王朝后期都城遗址，位于河南省安阳市西北郊洹河两岸，面积约为 24 平方公里。清光绪二十五年（1899），王懿荣发现了殷墟出土的甲骨卜辞，后来罗振玉、王国维等在甲骨卜辞上先后考释出殷王朝先公先王的名谥，从而证实了《史记》、《世本》记载的商王朝世系是可信的，洹水南为殷墟的记载也是正确的。从 1928 年开始考古发掘到现在，先后发现了宫殿、宗庙、陵墓和手工业作坊等历史遗迹，证明了殷墟为布局严整的商代都城，是高度发达的奴隶社会的缩影。大体上在洹河南岸以规模宏伟的宫殿和宗庙（今小屯村附近）为中心，周围环绕着铸铜、制骨、制陶等手工业作坊、居民区以及贵族和平民墓地；在洹河北岸以大面积的王陵区（今武官村、侯家庄一带）为中心，外围是简陋的贫民居住区。在王陵区发现了 13 座大型贵族墓葬和 1400 多个屠杀奴隶祭祀祖先的人祭坑，墓内都有大量殉葬人，如武官村大墓中殉人达 200 多人，其中奴隶多数是未成年的儿童，有的被砍头，有的被锯断手足，反映了商代奴隶制社会残酷的阶级压迫的历史事实。殷墟墓葬内出土了大量珍贵文物，其中大多数为青铜器和陶器。司母戊方鼎为商代青铜器珍品，堪称世界铜器之最，是世界最大的青铜器。殷墟还出土了 15 万片以上甲骨卜辞，是中国目前发现最早的文字，反映了殷商文化高度发展的史实。青铜器上的铭文则反映了晚商文字的进一步发展，在商代铜器研究中具有重要价值。殷墟代表了晚商文化发展的最高水平。随着殷墟发掘的逐步深入，甲骨文字、商代青铜器、人殉和墓葬制度的讨论和研究逐渐开展并取得重要成果。

陶器漆器持续发展

夏是中国历史上第一个奴隶主专政的国家，这时，文明的发展开始进入了青铜时代。陶器逐步降为一般的日用品，其地位被灿烂精美的青铜器所取代。但作为一个独立的艺术门类，陶器继续向前发展，原始瓷器也出现了。

灰陶是这个时期里制陶工艺的主流，产量占绝大多数。从商代起，器型更为丰富，炊器、食器、饮器、盛器分类极为精细，商代后期，由于奴隶主酗酒作乐，还大量盛行酒器。陶器器型的发展直到春秋时期才告式微。在纹饰上，出现了新兴的饕餮、夔龙、蝌蚪、蝉蚊和云雷、连环、乳钉等几何纹，明显是受青铜器装饰风格的影响。

华夏文明的曙光

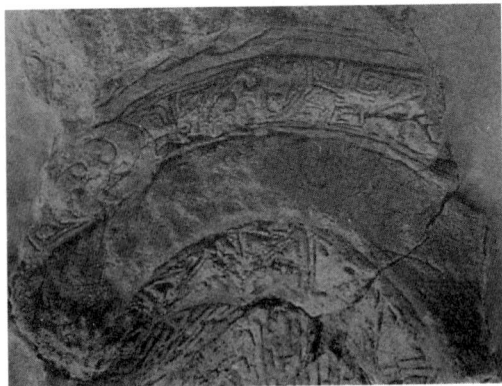

朱漆木雕遗痕。商代文物。

商、周时期还创制了一些陶器新品种，有刻纹白陶、印纹硬陶和原始瓷器，为陶到瓷的发展作出重要贡献，这都归功于高岭土的发现和使用，以及釉的发明。白陶在新石器时代已有出现，但质地粗糙，商代白陶洁白细腻，纹饰精致，层次分明，可与同期的青铜器并驾齐驱。白陶费工大，产量极小，西周以后就不再生产，已成稀世精品。印纹硬陶和原始瓷器是同一系统的产品，同窑烧制，上了釉的便为原始瓷器。这种原始瓷器烧成温度约为1200度，无吸水性，已接近瓷器的要求。

漆器从商代经西周到春秋，工艺不断发展，镶嵌、螺钿、彩绘都达到了很高水平，漆器应用范围更广泛，不仅有杯、盘、碗、瓢，还有匣、盒、棺等，工艺由素面髹漆发展到木胎雕花后再髹漆。漆器纹饰丰富，同样受青铜器风格的影响。

商代的一件漆器上，在饕餮的眼睛和眼角，镶有经过磨琢的方、圆、三角形的绿松石，技艺复杂而制造考究、装饰华美。更出人意表的是，在一件漆盒的朽痕中，发现有半圆形的金饰薄片，正面阴刻雷纹，

商代灰陶大口尊

背面有朱漆痕迹，显然是贴在漆盒上的金箔，汉代流行的在漆器上镶嵌金银箔花纹的工艺当可以溯源至此。另外一件商代晚期的木碗，经观察是用边材板镟注而成的，这也是现知的最早的一件车镟木胎漆器。在商代的出土文物中，发现了表面不平，和后代堆漆工艺近似的漆器；后代十分流行的皮革胎漆器，发源也在商代，这是从出土的皮甲残迹上有黑、红、白、黄四色图案而推知的。透过这些发现，可以说，漆器的许多工艺，在商代就已奠定了基础。

商朝

约前 13 世纪

帝武丁（小乙弟）即位。武丁举傅说于版筑之间，任以为相，国大治。

小屯村西北发现约武丁晚期的妇好（武丁诸妻之一）墓，随葬品多达一千九百余件。出土迄今出现最早的编钟。

约前 12 世纪

现存最大青铜器司母戊鼎即文丁为其母戊所铸。

古公父（公叔祖类子）因戎、狄侵逼，由豳迁岐山下之周原（今陕西岐山北），周族始强。1976 年在岐山发现周原遗址出土大量卜甲、卜骨。

1986 年发现的四川广汉三星堆遗址或是前 12 世纪巴蜀文化遗存。出土青铜雕像及其他文物一千多件，有身高约 1.70 米以上的青铜人像一尊；与真人头部相当的青铜人头像数十尊；大型人面形青铜像高约 1.40 米。

约前 11 世纪

纣（帝辛）屡征夷方，国力虚耗。又暴虐民众，宠妲已，遂致诸侯叛离，周武王遂率诸侯伐纣，战于牧野，纣兵败，走入鹿台，自焚死。殷亡。

传文王曾被商纣王囚于羑里（今河南汤阴北），演《易》之八卦为六十四卦。

约前 12 世纪

巴比伦史诗吉尔加美什刻于泥版上。

犹太人进入士师时代。在摩西领导下进入迦南。

1200B.C.

赫梯约于此时期受到"海上民族"的袭击，不久瓦解。

亚利安人约于此时期由亚洲西部侵入印度。关于此时期最古的文献是梨俱吠陀，印度史家因称印度最早时期为梨俱吠陀，或前吠陀时期（约 1200B.C. 至 800B.C.）。

1146B.C.

巴比伦王尼布甲尼撒一世即位（前 1146 ~ 前 1123 年）。死后，巴比伦日渐衰落。

1100B.C.

希腊进入荷马时代（前 1100 ~ 前 700 年）。此期希腊文化反映于荷马的《伊里亚特》与《奥德赛》两部史诗中。

华夏文明的曙光

武丁中兴

武丁像

盘庚迁殷后，商的政治、经济和文化都有很大的发展，武丁时达到商王朝最强盛时期。

武丁少年时，曾在民间居住，躬亲稼穑，体察人民疾苦。约公元前1271年，武丁即位后，思索复兴殷道之法，但苦于缺少辅佐大臣，因而三年不问朝政，静观民风国情。后来，一夜梦得一位名叫说的圣人，于是依其貌画成像，命令百官在国中求索。最后在傅险工地上发现此人。武丁与他相谈，果然为大贤之才，并赐说姓傅。傅说出身微贱，尚为刑徒，武丁断然擢拔为相，委以国政。同时，又举拔学识渊博的知虞（今山西平陆一带）人甘盘为辅政大臣。武丁在傅说和甘盘等众大臣辅助下，国家日益兴盛。

武丁中兴，国力强盛，于是军事上不断征战四方。鬼方是殷代北方草原地区的游牧部落，曾频频出动，骚扰殷人统治区，武丁亲自率军征讨，三年平定；舌方是殷北方另一游牧部落，在盘庚迁殷前，舌方趁殷王室"九世之乱"之机，迅速扩展势力。为了掠夺更多的生活资料，舌方不断向南游移，骚扰商朝属国，并屡屡深入商王畿西郊进行抢劫，严重威胁着商王朝的统治。武丁于是命武将禽和甘盘率军征伐，通过十几年征讨，终于平服舌方，舌方之地就此归入商朝版图；土方是殷代北方距离商王畿较近的又一部族，经常侵夺商地居民，曾进入商东郊劫掠两个居民聚落，武丁在征伐舌方过程中，用二、三年时间消灭了土方，土方居地也成为商朝领土；羌族是西部地区的古老部落，或称西羌。分为羌方、羌龙、北羌、马羌等。武丁对西羌多次进行征伐，所获战俘，多作"人牲"，充作祭祀鬼神的牺牲；商朝南方地区有众多方国、部落。江汉流域的"荆楚"是其中最强大的方国之一。相传，武丁曾率商族武士，深入荆楚险阻之地，掳获其众，荡平其地，江汉流域也成为商朝版图的一部分。大彭和豕韦均为商朝诸侯国。商王河禀甲时，两国势力大增，不甘俯首听命于商，拒绝纳贡，也为武丁所灭。

随着战争的不断胜利，商王朝的势力在西、北、东、南急剧扩张，达到商代的最高峰。

是为"武丁中兴"。

祖甲始创周祭之法

小屯祭祀场。商代古文化遗址。从这些祭祀坑中的遗骨数量，可见商代盛行的人殉和牲殉之残酷。

商代鼎盛时期，高宗武丁偏爱幼子祖甲，打算废太子祖庚而改立祖甲为太子。祖甲认为这是违礼之举，不可强行废立，否则就可能重演"九世之乱"的局面，因此他效法文王武丁当年之举，离开王都，到平民中生活。武丁死后，由太子祖庚继承王位。祖庚即位十年左右病死，祖甲这才回到王都继承王位。

为了报效先祖功德，商人盛行祭祀，但所祭对象和顺序都很零乱，没有一定的规矩。祖甲即位后，创造了"周祭"之法，具体方法是：从每年第一旬甲日开始，按照商王及其法定配偶世次、庙号的天干顺序，用羽、彡、劦三种主要祭法遍祀一周。周祭以旬为单位，每旬十日，都依王、妣庙号的天

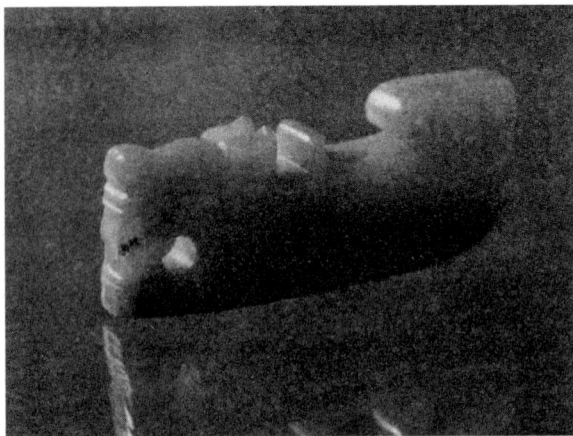

商代后期龙形玉佩。通体作龙形，张口露齿，尾卷。这类圆雕玉佩，在商代玉器中极为少见。

干为序，致祭之日的天干必须与庙号一致。如：第一旬甲日祭上甲、乙日祭报乙、丙日祭报丙，直至癸日祭示癸；第二旬乙日祭大乙、丁日祭大丁；第三旬甲日祭大甲、丙日祭外丙。如此逐旬祭祀，一直祭到祖甲之兄祖庚。用一种祭祀法遍祭上甲到祖庚的先公先王，需要九旬。

祭毕，再分别用另两种祭法遍祀，直到全部祭遍为止。周祭之法，使殷人的祭祀系统更为严密规范，因此盛行于商代后半期，并逐渐达到最高峰。

祖甲创立的周祭之法是祖先崇拜和宗族制度的最好体现。在上古文明中，各大民族都有自己的祭祀体系，周祭之法和古巴比伦、古埃及的祭祀法各不相同，是中国古代特有的祭祀系统。

妇好逝世·下葬殷墟

妇好是商王武丁60多位妻子中的一位，即祖庚、祖甲的母辈"母辛"，生活于前12世纪前半叶武丁重整商王朝时期，是我国最早的女政治家和军事家。据甲骨卜辞记载，妇好曾多次主持各种类型和名目的祭祀和占卜活动，利用神权为商王朝统治服务。此外，妇好还多次受武丁派遣带兵打仗，北讨土方族，东南攻伐夷国，西

妇好墓出土偶方彝

妇好墓出土象牙杯。通体雕刻精细的饕餮纹，
并镶嵌绿松石，是古代象牙雕刻的杰作。

南打败巴军，为商王朝拓展疆土立下汗马功劳。武丁对她十分宠爱，授与她独立的封邑，并经常向鬼神祈祷她健康长寿。然而，妇好还是先于武丁辞世。武丁十分痛心，把她葬在今河南安阳小屯村西北约 100 米处。

妇好墓是 1976 年由中国科学院考古研究所进行发掘的，也是目前唯一一座能与殷商甲骨文相印证而确定其年代和墓主身份的商代奴隶主贵族墓葬，同时也是殷墟发掘 50 年来唯一未经扰动保存完整的商王室墓葬。墓塘呈长方形竖穴，南北长 5.6 米，东西宽 4 米，深 8 米。葬具为木椁和木棺，木椁长 5 米，宽约 3.5 米，高 1.3 米。木棺腐烂不堪，里面遗骸也已腐朽。16 名奴隶被武丁杀死，成为妇好的殉葬品，反映了商代奴隶制社会阶级压迫的残酷性。

从妇好墓发现的遗物来看，各类随葬品多达 1928 件，其中许多是前所未有的艺术珍品。青铜器共 460 多件，重逾千斤，其中礼器 210 件，样式多种多样，有不少纹饰华丽的大件器物，造型最为奇特者当属偶方彝和三联甗。刻有"妇好"或"好"的礼器多达 109 件，占礼器总数一半以上。铸有"司母辛"铭文的铜器是一对大方鼎、一对带盖四足觥和一件带鋬方形圈足器。兵器之中当数四把铜钺最为瞩目，特别是其中两把有八、九斤重，上刻"妇好"两字，表明妇好生前拥有很高的军事权力。另外，墓中出土的 4 面铜镜镜面平薄，直径分别为 12.5 厘米、11.7 厘米和 7.1 厘米，表明中国使用铜镜的历史可以远溯到武丁时代。玉器共 750 多件，大部分都是软玉，具有较高的工艺水平，各种立体或浮雕的人物和动物像比例基本恰当，形态逼真、栩栩如生、线条流畅，表明当时造型艺术和琢玉技术达到较高的水平，堪称商代玉器中的精品，对研究古代动物的形象具有一定的价值。63件石器主要以大石岩、石灰岩为原料，有些石器上面雕刻虎、鸽、龟等各种动物形象，工艺较为精细，堪与玉雕相媲美。560多件骨器中以笄为数最多。第一次完整出土的3件象牙杯制作十分精致，是罕见的瑰宝。11件陶器则对断定墓葬年代具有重要意义。此外，妇好墓中还发现了6800多枚海贝，这是商代的货币。

妇好墓扁足方鼎

从发掘妇好墓的情况来看，武丁建造的妇好墓在现已发现的殷代大墓中是规格很高的一座墓葬，一方面反映妇好地位的显赫，另一方面也反映了武丁时期文化艺术上的杰出成就，对研究商王朝的社会经济也具有重要价值。

商代中期青铜代表作杜岭方鼎铸成

杜岭方鼎是中国商代中期最大的青铜礼器，用于祭祀、饪食。1974年发现于河南省郑州张寨南街杜岭土岗。共出两件，形制、纹饰相同，都是斗形深腹立耳，分别编为1号、2号铜鼎。1号鼎较大，通高100厘米，器口长62.5厘米，宽61厘米，鼎口、腹略呈横长方形，腹壁厚0.4厘米，鼎腹成斗形，深46厘米，重约86.4公斤。鼎体巨大，造型浑厚、庄重。鼎口沿外折，两侧沿面上有圆拱形立耳，微微外张，耳的外侧面呈凹槽形，内有3道凸起的棱线。鼎腹上部约1/3处饰有阳纹的饕餮纹装饰带，每面正中及4个转角处也各有一组饕餮纹。腹部左右和下部边缘装饰一圈整体成U形的乳钉纹。其余部分均为素面。装饰手法朴素大方。从造型和纹饰上，都充分体现了商代中期青铜器的特征，是这个时期的代表作。但由于年代较早，铸造技术还不够完善，在整体比例和细部处理上尚有不足之处。和商代后期以司母戊鼎为代表的方鼎造型相比，杜岭方鼎腹部过深，足相对较短，显得庄严感不足，耳和口沿也太单薄，尚有外范接合不严、部分纹饰有重叠的缺点。

此鼎出土时腹底和足表有烟熏的痕迹，证明鼎作为礼器不仅摆设在宗庙里作为权力的象征或用以祭祀，还用来烹煮食物，作为炊具。

2 号鼎通高 87 厘米，口径 61×61 厘米，为正方形，重 64.25 公斤。1982 年，在郑州城东南的商代中期窖藏中又发现两件大方鼎，造型和装饰手法与杜岭方鼎相同，形体稍小，都通高 81 厘米，口径 55×53 厘米，一重 75 公斤，一重 52 公斤。

杜岭方鼎

杜岭方鼎的发现开拓了人们对商代中期青铜工艺的眼界，它为商后期出现的司母戊等大方鼎在造型和工艺上开了先河。

商代妇好墓保存精美玉刻

妇好墓出土玉鹰

约公元前 13 世纪，商王武丁的配偶妇好去世，陪葬有许多精美的玉石雕刻。墓葬在 1976 年发掘于河南省安阳市小屯村西北，保存完好。其中所出玉器共 755 件，是商代玉器出土最多、最集中的，另有 63 件石器，47 件宝石器。

玉器大多数由商王直接控制的

妇好墓出土玉龙

制玉手工业作坊制作，少数由某些方国纳贡。玉材则多是来自新疆的软玉，其中以青玉最多，白玉、青白玉、黄玉、墨玉等次之。石器以大理石、石灰岩等为原料，宝石器是绿晶、玛瑙、绿松石、孔雀石4种材料加工制成。

妇好墓所出玉石雕刻种类很多，形态各异，展示了当时很高的制玉水平，如琮、圭、璧环类等礼玉，簋、盘两种玉雕，豆、瓿、觯、罍等石雕礼器；石磬类乐器；戈、矛、戚、钺、大刀等仪仗用玉制兵器；工具及生活用具，随身用发笄、耳玦、圆雕、浮雕等装饰品；杂器等。

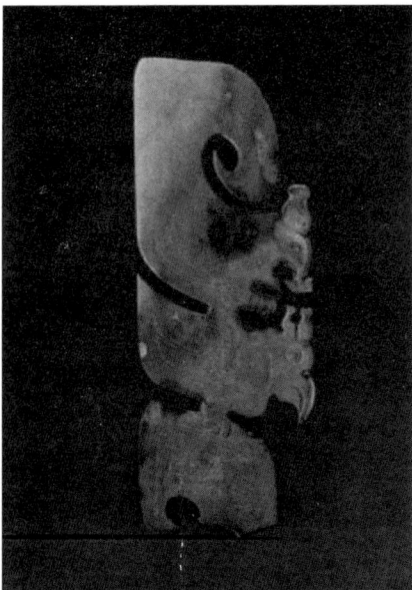

妇好墓出土玉龙与怪鸟

妇好墓出土玉人

这些玉石雕刻品中的人像是其中最重要的部分，是了解研究商代雕塑艺术、商代人种、服饰制度、阶级关系、生活情态等方面的宝贵资料。如腰插宽柄器玉人（编号 371），高 7 厘米，身着交领有花纹长服，腰束宽带，圆箍状的颏束发、额装卷筒状物装饰，左腰后连一卷云形宽柄，服饰华贵，可能是奴隶主形象；与之相类的石人（编号 376），高 9.5 厘米，头上盘辫，以颏束发，全身赤裸，推测为男奴隶形象；还有推测为女奴隶、儿童形象的。

这些雕刻作品供佩戴、插嵌装饰而用，非独立的雕塑，但所反映出的商代雕塑创作中已具备较准确地掌握头部五官位置和身体比例，并能在小型器上有意放大头部的写实能力；注重发式、冠式和服饰等以显示人物不同社会地位的观察能力，表现能力等都是很有价值的。而其中人物面部无表情、双目突出的特点又正是当时流行的雕刻装饰手法的体现（这在许多青铜器的兽面纹饰中较普遍），具有明显的时代特色。

原始青瓷出现

商代中期，原始青瓷开始出现。在郑州、湖北、河北、江西等地都有原始青瓷的产地，其中又以长江下游为盛。

原始青瓷具有瓷器的基本特征，但又不具备真正瓷器的薄胎半透明性质。它以含铁量低于 1.5% 的高岭土为原料，坯体施青色石灰釉，经过 1200℃左右窑温烧成，胎质较坚硬致密，胎色青中泛白，故名，亦常称为原始瓷。它的吸水率较低，初具瓷器的特质。

商代青褐釉原始瓷尊

原始青瓷自从于商代中期出现，其产量就一直呈现上升的趋势。它的原料基本上是就地取材的，只有在选择和加工上比较讲究。中国南方的许多地方因为具有丰富的瓷石矿，所以原始青瓷首先在长江下游得到了较大发展。在成形技术上，原始青瓷在商、西周时多用泥条盘筑法，外表通常通过修理，所以很少留有泥条盘筑痕迹，部分产品在器表也留有拍印残痕，内表留有"抵凹"，唯有少数的生产工具，如瓷刀、瓷纺轮等，可能是模制或手捏的。

在原始瓷的产生和发展中，原始瓷釉也形成并不断发展。北方最迟在仰韶文化时，就发明了在陶器表面上涂刷白色涂料，即所谓"白衣"、"陶衣"的工艺；在南方，湖南澧县新石器时代早期陶器就采用了涂刷红色陶衣的技术。这便是釉的前身。釉实际上是人们经过了选择和配制，所含助熔剂更多的一种涂料。商、周的原始瓷釉叫石灰釉，它的主要优点是熔融温度较低，高温粘度较小，釉面光泽较好，硬度较大，透明度亦较高，坯体上刻划的花纹图案，浮雕人物，都一一清晰透映出来。石灰釉在中国沿用了很长一个时期，对中国古代陶瓷技术的发展作出了重要贡献。春秋战国之后，施釉技术有了明显的提高，绍兴富盛区出土的原始青瓷虽釉薄至 10 ~ 50 微米，而胎釉结合却较前稍好。

在影响原始青瓷产品质量的诸多工艺因素中，最为重要的有两个，一是原料的选择和加工，二是陶窑构筑、窑内气氛、温度的控制。以易熔粘土为原料时，就只能烧出普通的灰陶、红陶、黑陶来；以瓷石、高岭土为原料时，就可以烧出白陶，印纹硬陶，以及原始青瓷器来。白陶、印纹硬陶的发明和发展，陶衣、彩绘、泥釉技术的发明和发展，分别在胎质、釉质上为原始瓷的出现准备了条件；而升焰式窑的不断改进，半倒焰窑和平焰窑的出现，才使原始青瓷变成了现实。

中国是世界上最早发明瓷器的国家。原始瓷的发明和发展，说明当时在陶瓷原料的选择和加工，在窑的构筑和烧成技术上，都达到了一个较高的水平。

原始青瓷从原料选择、成形、施釉到烧成，都还比较原始，故不管胎还是釉，与真瓷都存在着相当的距离。但原始瓷毕竟是真瓷的前身，它的出现是个伟大的起点，预示着东汉时期真正瓷器的产生。

中国金银器工艺产生

3000 多年前，中国金银器工艺产生，在以后漫长的发展历史中，曾产生过无数优秀的作品。

所谓金银器，是以贵金属黄金和白银为基本原料加工而成的器皿、饰件等。

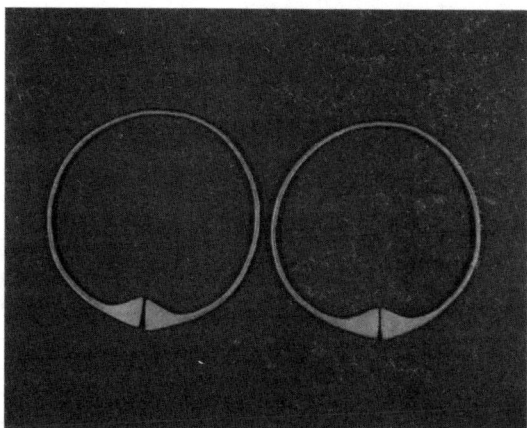

商代金臂钏

在我国，黄金一般分山金和砂金，其中砂金较早被人类发现。银又称白金，与其他矿物夹生共存。在物理性能方面，金不怕氧化，不易生锈，不溶于酸碱，延展性较好，而银在这些方面都不及金。金银器的制作工艺主要有熔炼、范铸、锤镍、焊接、炸珠、镌镂、抽丝、掐丝和镶嵌等，这些技法有的来自青铜器工艺，有的则是金银器制作者的独创。

科学发掘的资料证明我国最早的金器产生于商代。在河南、河北、北京、山西等地的商代遗址和墓葬中均有金器出土。其中商殷中心区域出土了金片、金叶、金箔等饰件，而离这一区域较远的地方则出土了一些金质首饰。北京平谷商代中期墓葬中出土的金臂钏、金耳环等，经化验含金达85%，杂有较多的银和少量的铜。其中金臂钏用锤镍法制成，两端锤成扇形，再弯成环状；金耳环一端锤成喇叭口状，一端锤成尖状，整体弯成圆形。

商代晚期金器主要出土于山西石楼后兰家沟，这里可能就是商代的北方，这批金器应该是商文化与北方文化的结合体。这里出土了三件金珥形器，其中两件大小相同，另一件较小，都有一粒串珠，一端尖卷如涡纹，另一端较平，伸出一条细丝尾柄，串珠后又从中弯曲，尖部折上呈乙

商代金耳环

形，造型奇异，可能也是少数民族制品，在青海属辛店文化的大通县上孙家

041

寨还出土了金耳环和金贝等。

这些情况表明，在商代我国金银器工艺已经发展到了相当水平，尤其是北方少数民族地区，更是具有自身特点，这一特点，在以后的发展过程中更为突出。

商人崇信上帝和祖先

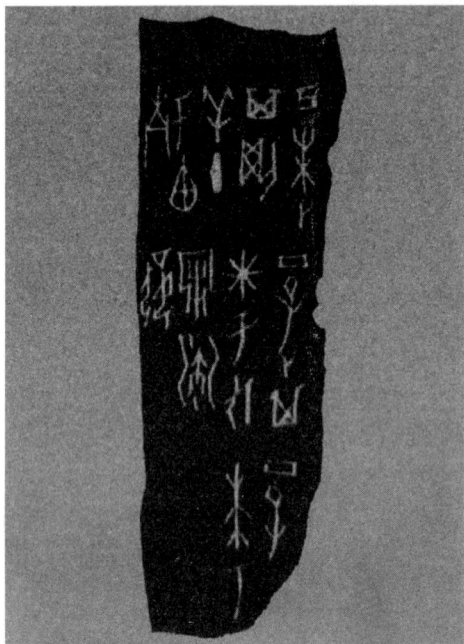

河伯娶妇甲骨文。洪水带给先人们的灾害十分可怕，因而"河伯娶妇"这类对河水既恨又媚的故事，就不只流行在漳水流域。殷墟甲骨文中刻有河伯娶妇的事件（见图）。大意是丁巳日贞卜，是否要隆重祭祀河神并"沉郊"？

商代的宗教观念可以从殷墟出土的几十万片卜辞甲骨中得到反映。从这些详细的记录中可见商人十分崇信上帝和祖先，形成了以上帝为最高神，与宗法血缘制度紧密结合的国家宗法宗教。

从商人问卜的对象及卜辞中可以看出，商人相信有日、月、风、雨、雷等天空诸神和土、地、山、川等地下诸神。但在一切神示鬼魅之中，威信最高、权力最大，有着人格、意志、情感的神是上帝。上帝是宇宙的主宰，万王之王，管理自然及人间一切事物。上帝有许多巨大的威力：一、支配自然界。上帝能"令雨"、"令风"、"令霁"。二、主宰人类祸福。上帝能"降莫"、"降食"、"降祸"。三、决定战争的胜负、政权的兴衰。当时社会部落众多，战争频繁，每逢战争，统治者便令巫师贞问上帝，看"帝若"（允许）或"帝不若"，然后才决定行动与否。四、主管兴建土木出行、做买卖等日常事物。卜辞中有"帝降邑"、"帝弗孚兹邑"、

饕餮纹俎

"帝□贝"等文字记载。

　　商人对鬼神的崇信还表现在他们的祭祀活动中。卜辞中有许多祭日、月的条目。如"乙巳卜宾日"；"丁巳卜又出日"，还有"尞于东母三牛"、"屮于东母、西母，若。""东母"、"西母"即日、月的别名，尞与屮是商人的重要祭法，属火祭，即将牺牲投于烈火中，使之焚化的青烟上达天廷。对于同属天空神的风、雨、云、雪诸神，也多用火祭。祭山川等地上神祇则采用沉埋法。如祭河就把牛羊、玉璧以及奴隶沉入河中。祭地神最为隆重，卜辞中祭地又写作祭土，这与农业社会土地的重要性有关。

　　但是卜辞中却没有明显祭祀上帝的纪录。既然上帝是最高主宰，为什么会没有直接的祭祀活动呢？原来，在商代宗教中，人的灵魂是不死的，也没有轮回转世之说。鬼魂永恒地留存于天地之间。只有商王死后"宾于帝"，灵魂回归帝廷随侍上帝。时王只能通过祭祖才能把自己的意志转达上帝。同时上帝也不能直接作祟于时王，而是通过先王先祖之灵对世人降祸、降福。因此先王之灵便成了连接上帝与现实生活的唯一桥梁。祖先崇拜不仅仅是维系宗族内部团结的需要，也是上帝崇拜的必要环节，所以祭祖是商代宗教中最重要、最隆重的活动。

　　商人祭祖不仅隆重，而且极虔诚、频繁。据卜辞记载，商人祖先都是以忌日天干为庙号的，祭日与忌日相应。到商末，要祭先公先妣共 168 位，1 年中商王平均 2 天就要祭祖 1 次。祭祀祖先有羽、彡、劦 3 种祭法。为了表

鸟柱盘

示对祖灵的敬畏，商人花费了大量的牺牲品，家畜有牛、马、羊、豕、鸡等，数量多时可达上百，方法为燎、埋、沉、卯（削木贯穿）、俎（置于木制台上）。商人甚至还用人作牺牲品来祭祀祖先或殉葬。在河南安阳西北冈商王大墓区发现了191座葬坑，其中所埋无头尸体，全躯人骨、人头、祭器等物，证明是商王室祭祀祖先的公共祭场，一般每坑有十几具尸骨，与卜辞可以互为验证。杀殉1次可多达数百人，被杀者除了少数亲属、随从，多是奴隶和战俘。

商王祭祖活动受其宗法等级制度的影响，也形成了一套宗法祭祀制度。其祭祖制度可分两类，一类是"周祭"，即用羽、彡、翌三种祭法轮祭所有先祖先妣。另一类是"选祭"，1次合祭5世之内直系先祖先妣若干名。商王供奉于祖庙的神主称为"示"，"大示"是直系先王，"小示"是旁系先王。祭祀"大示"用牛牲，祭祀"小示"用羊牲。

司母戊方鼎

　　司母戊方鼎是商王文丁为祭祀母戊而铸造的祭器，1939年在河南安阳武官村殷墟出土，重875公斤，是中国现存的先秦时期最重的青铜铸件。造型端庄厚重，器身呈长方形，立耳，柱足粗壮，通高133厘米，器口长110厘米，宽78厘米。纹饰华美，腹部饰有兽面纹，耳廓饰有虎食人头纹。腹壁内铸铭文"司母戊"三个字，司通"祠"字，意指祭祀，母戊为文丁母亲的庙号。司母戊方鼎集中表现了殷商时期青铜冶铸业的生产能力和技术水平，是商代青铜文化

司母戊。我国现存先秦时期最重的青铜铸件。

高度发达的标志，在世界青铜文化史上占有很重要的地位。根据专家学者的研究结果，该鼎是用陶范铸造的，鼎体浑铸，铸型由腹范、顶范、芯和底座、浇口组成，鼎耳后铸，附于鼎的口沿之上，耳的内侧孔洞是固定鼎耳泥芯的部位。鼎的合金成分为铜84.77%，锡11.64%，铅2.79%，锡铅合计14.43%，较为符合铸造青铜容器硬度的要求。

商代服装上衣下裳

商代手工业颇为发达，已初具规模。特别是纺织业的发展，使商代在体现人类装饰自己的欲望方面迈开了一大步，即实行上衣下裳制。

商代已能生产各种各样的麻丝制品，它的丝织品除有纹绢外，还生产出世界上最早的提花织品绫纹绮。纺织技术的进步，必然使衣着日趋精美，随着生活观念的变化而不断更新。"上衣下裳"制一方面是技术进步的结果，另一方面也反映了社会分层和风俗习尚。

中国古代以"衣"作为各类服饰的统称，分为头衣、体衣、胫衣、足衣、寝衣。在社会生活中，则统称上身所穿为衣，下身所穿为裳。在春秋以前，没有裤子，男女都穿裙，所以当时的裳实际上就是裙。早在夏代，衣和裳就有一定程度的分离，到了商代，成为普遍现象，形成中国古代服饰的两种基本形制之一。夏商周时代的服饰，多为上衣下裳制，如：元端、袴褶、襦裙。元端为国家法定服装，自天子以至庶民皆可穿服，唯天子服之以燕居，诸侯服之以祭宗庙，大夫和士则朝服元端，夕服深衣。元端因其形有端正之意而得名，衣袂皆二尺二寸，衣长也二尺二寸，玄色，正幅不削。袴褶是上身穿褶下身穿袴的一种服式。襦裙指上襦下裙的女服，二者皆于东周以后流行。

我国服饰另一种基本形制为衣裳连属制，出现于春秋战国后，如：深衣、袍服。

四羊尊

商代三羊尊。该器肩部均匀地铸有三个羊首,形象逼真,气势雄健。

四羊尊是商代晚期青铜酒器,1938 年出土于湖南省宁乡县月山铺。是现存商器中最大的方尊,通高 58.3 厘米、口部边长 52.4 厘米,重 34.5 公斤。尊的主体部分为商代流行的方尊样式,造型庄严、雄伟。四角各铸一只大卷角羊,瘦劲的羊腿抵附于圈足之上,形态逼真,充分体现了当时工匠很强的形象塑造能力。羊的肩部,亦即尊的颈、肩结合部位,还饰有高浮雕蟠曲游龙四条,正对瓠棱。全器以精美细腻的花纹装饰,羊头饰满雷纹,羊颈部、腹部饰以鳞纹,胸部为高冠鸟纹,鸟足附于羊腿上。尊颈部为夔龙纹组成的蕉叶纹和带状的兽面纹,圈足及浮雕的羊腿

之间饰有倒夔龙纹。全器以细雷纹为地,线条光洁刚劲,其余配合器物造型,繁简疏密得当,雕琢精细。

方尊边角及各面的中心线,各有耸起的镂花长棱脊,直通器口,使得器口向外拓张,有包容万物之感,颈部转折劲利,颇有气势。颈下围拥高浮雕的卷角羊、游龙,显得稳重华贵。这样装饰,既增强了造型气势,又掩饰了铸造合范不准的缺陷。

四羊方尊集中了绘画、线雕、浮雕、分铸、合铸等诸种手法，把平面纹饰和立体雕塑，把器皿和动物形态有机地结合起来，成为商代青铜工艺中杰出的代表。

商代四羊尊

商代学校教育出现

商代的学校分为序、庠、学、瞽宗等。从《孟子·滕文公上》、《礼记·王制》等文献材料估计，商代的序和夏代的序没有多少区别，都具有养老、习射等职能，是讲武习礼的场所。学有"左学""右学"之分。左学即下庠、小学，位于国中王宫之中；右学为大学，设于西郊。《礼记·王制》中说："殷人养国老于右学，养庶老于左学。"孔颖达的注疏中称养老在学，目的是宣扬孝悌之道，学习养老之礼。殷商卜辞中的"大学"是指献俘祭祖的场所，且与宗庙的神坛连在一起，以祭祖、献俘、讯馘、养老为主要职能，以教授有关宗教祭典等礼仪知识为主要内容，

商代记载习武乐教学活动的甲骨文。这块刻在兽骨上的甲骨文，内容是商王命令官员认真教育王族成员："丁酉卜，其呼以多方小子小臣，其教戒"。"戒"字，像人手持戈，本意可有二解：一是持戈警戒，一是持戈而舞蹈；"教戒"当兼指习武与习舞，与殷序习射、瞽宗习乐之说相吻合。

但不是具有完整意义的现代高等教育机构。殷人重视祭祀、崇尚礼乐，特设"瞽

宗"。瞽宗本是乐师的宗庙，用作祭祀的场所。祭祀中礼乐相附，瞽宗便逐步变成了对贵族子弟传授礼乐知识的机构。序、庠、学和瞽宗表明了商代出现了比较完备的学校机制。

甲骨卜辞的发现，证实了商代学校已进行了许多方面的教学活动。如"乎多阕伊自于教王族。"意即商王命令阕伊（官名）认真负责地教育王族成员。又如"丁酉卜，其呼以多方小子小臣，其教戒。"指商王朝对已臣服的方国子弟（或战俘）进行军事技术和武术训练方面的教育。甲骨文还表明了商代学校已进行了读、写、算教学，出现了作为教材的典册。《尚书·多士》中有"唯殷先人，有典有册"的句子，说明商代学校具有读书写字的教学条件。由于殷人几乎无事不占不卜，同宗教有密切关系的数术成为商代教育的重要内容。从甲骨卜辞看，商代最大的数字已达 3 万，并能进行一般的算术运算和绘制较为复杂的几何图形。殷商数学教育为天文历法的发展提供了有利条件，出土的一个骨片上就重复刻着从甲子到癸丑十天的干支表。据《史记》等文献和甲骨卜辞考证，商代教育具有官师合一的特点，即执掌国家宗法祭典大礼的职官往往也是在学校教授礼乐知识的教师，这种身兼两职的职官和教师统称为"父师"。

商代奴隶主贵族为了培养自己的子弟，巩固奴隶制国家的统治，建立了序、庠、学、瞽宗等学校，教师由国家职官兼任，教学内容以宗教和军事为主，此外还有伦理和一般文化知识。"六艺"教育初露端倪，为西周时期的教育开辟了道路。

象　尊

象尊是象形青铜酒器，是商、西周青铜器中的鸟兽形器物中较多见的器类，出土较多，其中以 1975 年出土于湖南醴陵狮形山的为代表。此象尊高 22.8 厘米，长 26.5 厘米，重 27.7 公斤，造形精美。象作站立状，四腿粗壮有力，长鼻上卷，整个形体圆浑饱满。背有口，盖已失，鼻中空，与腹部相通，相当于流。鼻端塑成凤首形，顶部有一卧虎，额部有一对盘曲的游蛇，显得富贵堂皇。象身满布三层饰纹：耳下为鸟纹、兽面纹，前腿立虎纹，后腿兽面纹。纹饰极为华美但丝毫不损大象的整体造型效果，体现了一种繁丽之美。

还有一件象尊，象上负象，大象雄健饱满，长鼻高过头顶，前屈为流，小象造型雷同，立于背部的盖上，作为提钮，构形妙绝，显出工匠手艺精湛，匠心独具。

象尊所体现雕塑造型艺术，显示了商周时期青铜工艺的精良和美术领域的发展。

商代象尊。湖南醴陵出土。

鸮 尊

鸮尊流行于商代后期的青铜酒器。鸮尊在鸟兽形青铜器中数量最多。虽都以鸮为原形，但变化丰富，各有异趣。其代表作品如 1976 年河南省安阳殷墟妇好墓出土的成对妇好鸮尊。其一个高 45.9 厘米，另一高 46.3 厘米。

此鸮尊高冠巨喙，两爪粗大，并与下垂的宽尾构成稳固的三点一面，在同类器物中显得特别厚重有力。头上高羽冠以一双小夔龙纹为饰，头后开口，盖上塑有夔龙逐鸟的提手，显得独具匠心，展示了动物界的群体关系。背后有兽头大鋬，鋬下饰一浮雕的鸮正展翼翔起，显

商代妇好鸮尊

得静中有动，肃穆雅静中生机勃发。鸮尊周身饰满各种神秘的纹样：喙部饰蝉纹、胸前饰一大蝉，颈侧各饰一身双头的怪夔纹，体侧双翼饰以蟠蛇纹，纹饰的位置与形状，能结合器身的结构灵活变化，强化了造形的完整性与装饰性。尊口下内壁有"妇好"二字铭文，表明器主。

在鸮尊中，与周身纹饰、堂皇瑰丽的妇好类作品相异的另一类，则表现出对素雅之美的追求，湖北长沙市出土的一鸮卣，作两鸮相背，并有提梁——已知的鸮形卣大都采取这种生动有趣的造型。这类鸮卣，只把双翼饰成浮雕状，再不加其它纹饰，很是朴素雅致。

存世的鸮尊，已知的约有 10 件，造型都很生动，体现了商代工匠艺术家高超的雕塑造型审美水平。

四祀邲其卣

商代末君帝辛，即商纣王四年四月，奴隶主贵族邲其跟随纣王在商都的召大庭，逢商王帝乙的羽日之祭，以酒食祭祀帝乙。继而又随纣王进行祭祀。邲其谨慎执事，因功受赏，获得纣王在椇赐予的朋贝。

这是四祀邲其卣铭记载的内容，卣则是邲其为褒扬商王美德，祭祷于祖先降子孙多福而作。与此卣形制基本相同，同是邲其所造的，还有二祀邲其卣，六祀邲其卣，分别铸于商纣王二年和六年。四祀邲其卣铭文 42 字，是三卣中最长的，也是现存商代最长的铜器铭文之一。

四祀邲其卣铭文

此铭所记载的祭祀活动，特别是名目繁多的祭祀形式，是商人崇信鬼神、尊天祭祖的重要物证，也是研究商代历史特别是商人祭祀礼仪的重要资料。

商代饕餮纹单柱爵

商代饕餮纹盉

商代龙纹觥

豕 尊

华夏文明的曙光

商代晚期，中国青铜手工业兴盛，铸造了各种各样的动物尊，其中有一豕尊，风格迥异，特具一格。

这座豕尊由考古工作者于1981年在湖南湘潭发现。尊高40厘米，长72厘米。尊口呈椭圆形，位于猪的背上，尊口上有盖，盖上装饰有华冠立鸟。该尊的前、后肘部各有直径约1.4厘米的圆管孔，横穿器身，该孔可能是用来贯穿绳索以便于搬迁之用的。

商代豕尊。此为祭祀活动用的礼器。造型别致，花纹精细。1981年湖南湘潭出土。

器物外观上比较逼真，有栩栩如生之感，器身呈站立姿势，整体比例关系与细部结构都比较精确，面比较长，两颗獠牙露在外面，具有很强的写实性，追求形似。

周身纹饰复杂多变，又和谐统一。其头部施云状纹；四肢为倒立的夔纹，以云雷纹为底；颈部、腹部则是面积较大的鳞甲纹。各种纹饰的变化与配合处理得恰到好处。

以豕为尊在我国青铜鸟兽尊中是相当罕见的，特别是这种纹饰精美、形象逼真的富有装饰性的豕尊。

商朝开始在青铜器上铸造文字

商代戍嗣子鼎。1959年河南安阳后岗圆形殉葬坑出土。器内铭文三行三十字，其中合文三。铭文字体大小虽不够整齐，但笔道镌刻清晰，雄伟有力，有的字体还具有典型的波磔体风格。器物本身和铭文内容对青铜器断代、商代历史地理、以及古文字研究都有着一定的价值。

殷商时期，随着青铜器铸造技术的提高和在人们生活中的广泛使用，一种刻在青铜器上的文字产生了，称为金文。金文不仅刻在青铜礼器上，而且还刻在青铜兵器、青铜杂器甚至青铜生产工具上，但刻得最多的是青铜礼器中的钟和鼎，因而又称为钟鼎文。

商代金文的字体和甲骨文相近，字数较少，形声字比甲骨文多，结构比甲骨文简单，字体仍不固定。金文的内容主要是记载器物归谁所有和纪念的先人的称号，还有的记载了制作青铜器的原因，并附记了年月日，少数记有比

商代宰甫铭文。宰甫受到商王的赏赐和荣宠而作器。铭文镌刻熟练精工，书法道劲深峻，为金文书法艺术中杰作之一。

053

金文象形款识。象形文字是文字发展史上的重要阶段，图为商代铜器上的"龟"字铭文和铜器上的象形款识。

华夏文明的曙光

较重要的历史事实，反映了晚商记事文字有了进一步发展。商代前期的铜器上的铭文一般只有一两个字，多为族徽和其他图形文字，笔道刚劲，有的还出现波磔。目前最早发现的青铜器铭文，是商代二里岗文化期出土的 1 件铜鬲的"亘"字，其意当为族氏名号。殷墟出土的青铜器铭文中许多是属于族氏标记，如妇好墓出土的铜器上的铭文"妇好"、"亚启"、"来泉"、"共"等。此外，铭文中也出现了祖先庙号的标记，主要见于祭器上，如父某、祖某、母某、妣某等，目的是将祭祀某位祖先的供品与祭祀其他祖先的供品区别开来。如妇好墓中的"司母辛"方鼎，就是祖甲或祖庚专门铸造出来祭祀其母"母辛"的祭器，"母辛"是妇好的庙号。著名的司母戊方鼎也是商王文丁专门用于祭祀自己的母亲"母戊"而铸造的祭器。在商代后期，出现了一些篇幅较长的铭文，笔道多有波磔。现已发现的最长铭文有 40 多个字。

商人在青铜器上铸造的金文，标志着汉字的发展已从甲骨文字逐渐走向金文阶段，对研究中国汉字的发展历史和商代社会经济文化状况具有重要价值，并为周代金文的通行奠定良好的基础。

中国青铜文化全盛时代开始

中国古代青铜技术在商代晚期进入鼎盛阶段，夏、商、周是人类青铜文化史上至为光辉灿烂的时代，中国在金属冶炼、铸造、以及合金技术、加工技术、热处理和表面处理技术等方面，都取得了极其伟大的成就。世界著名科学史家李约瑟（Joseph Needham）博士说："没有任何的西方人能够超过商、周两代的青铜器铸造"。

商代铜器可分为早、中、晚3期。早期以河南偃师二里头遗址晚期所出为代表，年代上限相当于成汤时期，器物较少，器形有爵、斝、戈、刀、镞、锥、锛、凿等。礼器种类单调，胎质薄，铸造粗，无花纹，无铭文，但有的铜牌饰以绿松石镶嵌出纹饰，有较高的工艺。中期以郑州商代遗址和黄陂盘龙城遗址所出为代表，年代大致在仲丁至盘庚迁殷以前。铜器所出较多，其中礼器种类有鼎、鬲、簋、瓿、爵、斝、卣、罍、盘等，比早期大大增加，而胎质一般仍较薄，只有单线条的花纹带。但其中也有象郑州发现的高达1米的方鼎那样需要相当高铸造水平的大型器物。晚期以安阳殷墟所出为代表，年代从盘庚迁殷至商末。此时铜器发展到极盛阶段，数量很多，年代也较可靠。这个阶段的中期最富自己的特点，以妇好墓所出铜器为代表，有很多新的器类，器形也更丰富多姿，礼器一般都较厚重，花纹繁缛，并开始出现铭文。

按用途来分，商代铜器有礼器、食器、兵器、工具、车马器等几大类，其中以礼器为重。礼器又分为食器（鼎、鬲、甗、簋等）。酒器（瓿、爵、觯、尊、壶、斝、卣、觥、罍、盉、瓶、方彝等），水器（盘）等。不同的发展阶段，器形和花纹都有明显差异。如礼器在早期只发现爵、斝两种，爵多为束腰、

菱纹单柱爵

商代九象尊

平底、短足、无柱、无纹饰；在中期爵则没有明显束腰，三足也较长，铜礼器普遍有饕餮纹或圆圈纹等带状纹饰；在晚期，出现有妇好墓出土的三连甗、

华夏文明的曙光

商代铜鼓

商代人面鼎

商代人面钺

商代司母戊鼎

偶方彝等稀世罕见的器物，还有鸮尊、四羊尊、虎食人形卣等鸟兽形铜器，器体厚重、纹饰复杂，有雷纹、夔纹、龙纹、蝉纹、鸟纹、蚕纹、龟纹等多种，往往布满全器，有地纹、主体纹之分。都具有很高的美术价值。

其他铜器中，乐器有铙和鼓；兵器有钺、戈、矛、刀、镞、盔和弓形器等；工具有斧、锛、凿、铲、锥等；车马器有軎、辖套、踵、轭、镳等。另在妇好墓发现有圆形、背面带半环形钮的铜镜。

商代铜器主要有铜、锡和铅等金属成分，时期不同、器类不同这三者所占比例也不同。早期铜占 90% 以上，有的锡仅占 1%，中期锡、铅比例分别为 5 ~ 8%、1 ~ 6%，有所增加，晚期则以铅替锡的趋势更明显。

妇好墓时代以后的铜器上开始出现铭文，少则几个字，大多是族徽图像、人名或父祖名，多则三、四十字，内容大抵是因赏作器，还有征伐、祭祀等内容。

在商代各门类美术作品中，居于主导地位的是以青铜器为主的工艺美术，青铜器艺术的造型和装饰手法对其它工艺美术门类有重要影响。商代后期，青铜器造型逐渐定型化并发展成为多种造型系列。商代艺术家所创造的鼎、尊、觚、爵等青铜礼器高度完美的造型在中国工艺美术史上具有永久性的典范意义。一些代表性作品如司母戊鼎、四羊方尊、龙虎尊、犀尊、象尊、豕尊，以及各种样式的鸮尊等，代表着这一时代美术创作的最高成就。商代的青铜器铭文和甲骨文字成为中国书法艺术的最早代表。

青铜技术勃兴

夏商时期，中国古代青铜技术由产生和发展，逐步走向鼎盛时期。它的整个发展过程大致可分为三个阶段：一是夏至商代早期的发明期，人们开始有意识地生产青铜器；二是商代中期的发展期，青铜器的生产逐渐大型化和复杂化，并开始走向社会应用；三是商代晚期至西周时期的鼎盛期，这是中国古代青铜器发展史上的第一个高峰，并在社会各生产部门得到极为广泛的应用。

中国古代青铜技术主要体现在熔炼设备、熔炼技术、合金成分、铸造及金属加工技术等等。

商代龙虎尊虎噬人浮雕

熔炼设备主要有两种：一种是坩埚，由草拌泥制成，或以陶质大口尊或夹砂陶缸为胎，内外涂草拌泥；另一种是竖炉，包括化铜竖炉和铸铜竖炉，其中化铜竖炉由泥条盘筑而成，铸铜竖炉由泥圈叠成，炉缸上部有多个风口。

熔炼技术在当时基本上是采用内加热技术，即把金属块和燃料一并投入容器坩埚或竖炉中点火加工，同时坩埚从上部、竖炉从下部通过风口送风，使燃料充分燃烧。通过熔炼，可除去金属块的杂质，使金属块变成液态，便于浇铸，并配制出适当的合金成分。

合金成分的选择及配置在古代青铜技术中占置着重要的地位。商代中晚期，中国发明了铜——锡——铅三元合金；东周时期则产生了著名的"六齐"合金规律。

中国使用最早的青铜器铸造是石范铸造，大约出现在夏代。它使用次数较多，但不易加工，且不耐高温，故进入商代中期后，很快便被陶范所取代。陶范的铸造方法包括浑铸法和分铸法两种，在中国古代青铜铸造中占有重要地位，一直影响到以后的春秋战国时期。除了石范和陶范，在春秋中晚期还出现过失蜡法和全型铸造等铸造法。

青铜器的铸造操作简单，成形方便，但在制作一些强度要求较高的小型

商代青铜双面人像

商代戈卣兽面浮雕纹饰

壁薄的器物时却难以成功。东周之后，先后出现了一系列的金属加工技术，来改善这个现状，包括青铜器的热处理和外镀技术，热处理技术包括退火和淬火；外镀技术包括外镀铅锡和外镀金银。

随着青铜技术的发展和繁荣，以及青铜器的普遍使用，在历史上出现了以青铜器艺术为主导的工艺美术，我们称之为"青铜文化"。青铜器艺术主要表现在青铜器的造型、纹饰及艺术表现手法上。

青铜器艺术在其发展过程中逐渐形成多种造型系统。首先，青铜酒器包括爵和觚，爵有卵圆形腹，腹侧有可供把握的鋬，爵口沿上有双柱，前有流，后有尾。觚是由上下两个相背的圆锥体相接而成。其次，青铜器炊食器中富有代表意义的鼎，在不同的历史阶段有着不同的造型。商代到西周初期，鼎以圆腹鼎和方鼎为其主要造型。到西周时期，鼎则流行圆鼎的造型，基本特征是圆腹、立耳、柱足，鼎耳宽厚，腹部上端微内收，下部略为凸出，体积感很强，整体很庄重、和谐。除酒器和炊器外，青铜器造型还包括当时的水器、乐器及兵器造型等等。

青铜器艺术中的纹饰在工艺美术中也具有不凡的地位。其主要纹饰包括商代的饕餮纹、夔龙纹、云雷纹等，商代后期到西周初期的凤鸟纹等动物

波浪纹饰

纹，和西周中期的窃曲纹、波纹等。

青铜器技术的出现及发展，正是中国历史从原始部落向奴隶制国家的转变时期，并且青铜器是作为一种礼制器具而出现的，由此形成一系列的"青铜文化"如青铜雕塑、工艺美术及金文。因此，研究青铜文化，对研究国家的形成、礼制的兴起及以后的中国工艺美术发展史，都具有一定的意义。

商代司母戊鼎耳虎噬人头浮雕

车战代替步战成为主要作战方式

车战最早起源于夏代，约在夏末商初，已有小规模的车战。从商代晚期开始，车战逐渐代替步战。已出土的一批战车和车战就是商代晚期的遗物。在商代晚期的甲骨文中，还出现了最早的"车"字，并出现了有关车战和召集战车射手（登射）的卜问，也证明了这一点。至西周时期，车战就基本上取代了步战，成为主要的、占支配地位的作战方式，从而实现了中国古代战争样式的第一次巨变。

据考古学家推测，商代可能拥有300辆战车。商代和西周时期军事角逐

商代车马坑

的中心区域是黄河中下游的关中和中原地区，战场都是广阔的平原，特别适合于战车驰骋。《诗经》中有关西周的篇什，凡写到命将出征，都要提备车备马。如《小雅·采薇》："戎车既驾，四牡业业"，反映了车战的兴盛和威力。

商代的战车用木制作，一些部位装有青铜饰件或加固件。其形制是：独辕、两轮、长毂、车厢（舆）呈横宽纵短的长方形，车厢门开在后面，车辕后端

商代两马牵拉战车模型。先秦时期兵车，一般为独辕两轮，从两马牵拉演进为一车四马。

压置在车厢与车轴之间，辕前端横置车衡，衡上缚两轭以供驾马。战车大多数驾2马，称为"骈"，也有驾3马的，称为"骖"。只有少数驾4马。车上载3名甲士，按左、中、右排列：左方甲士持弓主射，是一车之首，称"车左"、"甲首"或"射"；右方甲士执长兵器（戈、矛等）主格斗，并负责为战车排除障碍，称"车右"、"戎右"或"参乘"；居中的是控马驭车的御者，只随身佩带刀剑等短兵器。实际作战时，"车左"除弓箭外，也配备长兵器和短兵器；"车右"除长兵器外，也配备短兵器和弓箭，但责任有所侧重。指挥车则将帅居左，卫士居右，车上配备有旗和鼓，以供指挥和联络。

征射手甲骨文。商代征战是每乘战车有一名弓箭手。征三百名，说明已达三百乘。

"三师"甲骨文:"丁酉贞,王作三𠂤(师),右中左。"说明商代晚期已有左、中、右三师(军)的建制。

华夏文明的曙光

每辆战车还附属有一定数量的步兵,战斗时随车跟进。周代为了提高战车的机动性能,将战车车辕逐渐缩短,而轮上辐条的数目则逐渐增多,并在一些关键部位增加了青铜加固件。周代战车普遍已用4匹马驾引,其中间的2匹马叫"服马",用轭驾在辕两侧,左右的2匹马叫"骖马",以皮条系在车前,合称曰"驷"。

车战的一般过程是:两军相会,先扎营驻军;以单车犯敌营垒,进行挑战并炫耀武力;列阵作战,两军相合。交战的方式有三种:一是先敌发动进攻,迫击敌阵;二是固守阵形,待敌来攻;三是双方同时发起攻击。与此相应,进攻的方式也有两种:一是快速进击,所谓"疾进师,车驰卒奔"(《左传·宣公十二年》);二是保持阵形,徐缓推进,"虽交兵致刃,徒不驱,车不驰"(《司马法·天子之义》)。进攻的速度和节奏由将帅以鼓点控制。进入战斗,接近敌军时,车上甲士先以弓箭进行正面射击;继而当敌我双方的战车相交错时,才以长兵器进行格斗;最后直至车毁马毙,甲士们便弃车肉搏。战斗持续时间很短,一般几个时辰,最多一天结束。基本不进行夜战,少数白天未分胜负的战斗,则夜间休战,次日再战。

早期车战战术非常呆板,一般要待双方都列好阵形后,才以击鼓为号,发起攻击。所谓"成列而鼓,是以明其信也。"(《司马法·仁本》)体现了早期战争重信轻诈的显著特点。但商代车阵已出现右、中、左的配置。商代晚期军队建制中右师、中师、左师概念的出现,反映了当时已经具有中军和两翼相配合的意识,较之单一的方阵是很大的进步。

三星堆青铜人像代表最早的蜀文化

三星堆出土青铜头像。与真人头等大。

距今三千余年前，蜀地先民创造了具有很高艺术价值的独立的青铜雕塑艺术品。1986年在四川省广汉县三星堆蜀文化遗址出土了大量青铜人头像，反映了蜀文化的艺术成就及其地域特点。

三星堆遗址出土的商代大型青铜雕塑作品，以人物雕像最具特色。青铜人头像的大小与真人相当，共10余件，有贵族头像，也有奴隶形象。青铜人像都头戴冠帽、颈部有衣领等。面部均作夸张的表情，五官线条清晰有力，眼大，呈杏叶形，但没有表现眼珠。耳朵形如扁尖的扇子，耳垂有穿。抵嘴，形容坚毅，冷峻。与中原地区出土的雕塑人像有很大的差别。其中有一具完整的全身铜像，高达1.70米，形象生动，服饰华丽。

小的青铜人像通高15厘米，双手抚于膝盖之上，作踞坐状，头上有冠，腰间束带。小型青铜人面相高6.5厘米，头部特征与人头形象相似，面部普遍呈扁阔状。

三星堆出土青铜人面具

063

三星堆出土青铜头像。与真人头等大，古代蜀文化青铜雕塑重要代表性作品。

三星堆还出土有青铜方座大型立人像、人头像、人面像、人面罩及雕刻于其他器物上作为装饰的人头像。这些人像由不同的制作模型铸造，所以无一雷同，神态各异，精致优美，显示了不同人物的个性和身份。这说明当时的青铜铸造技术已十分成熟。

三星堆大型青铜雕像的发现，表明商周时期确实存在着独立的雕塑艺术品，并且具有高度的技艺水平和宏大的规模。如果我们将5000年前红山文化的大型陶塑，和2000多年前秦始皇陵的陶兵马联系起来，广汉青铜人像雕塑群正是中国雕塑史长链中的一个承上启下的环节。

三星堆青铜雕像反映了三千年前巴蜀地区青铜文化的艺术成就。三星堆遗址是时代最早、面积最大的蜀文化遗址，它的发现为研究古蜀文化提供了保贵的实物依据。巴蜀文化历史悠久，其主要民族是传说记载中的廪君蛮或廪君的后裔。蜀地农业发达，水利建设较早。历史上它与中原保持联系，其文化一方面受中原文化的影响，另一方面又具有本地的特色。三星堆铜器如实地刻划出古蜀民族的独特风格，与中原地区的雕塑作品相比，它在造型和纹饰加工方面都达到了较高的艺术水平。此外，巴蜀文化还创造了自己的象形文字——巴文。

三星堆出土青铜人面具

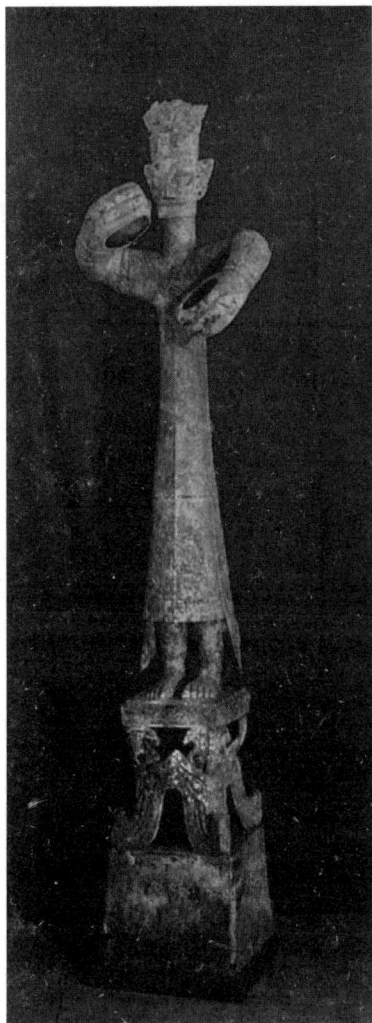

三星堆出土青铜人像

三星堆出土青铜人像

殷商甲骨文鼎盛

记数甲骨文

甲骨文是指殷墟出土的刻在占卜用的龟甲兽骨以及一般兽骨和骨角器上的文字，是商代通行的字体，又称"契文"、"卜辞"、"刻辞"、"龟甲文字"、"殷墟文字"等。

商朝灭亡后，甲骨文鲜为人知，直到光绪二十五年（1899），清代古文学家王懿荣才认识到商代后期王朝遗址殷墟（今河南安阳市西北小屯村）出土的甲骨上的契刻文字是一种比西周金文还要早的文字。1928年至1937年，中央研究院历史语言研究所在殷墟进行了大规模的发掘，获得大量的甲骨文，特别是1936年第13次发掘的127号坑，出土了甲骨17096片，成为甲骨出土最多的一次。1949年新中国成立后至今，除在安阳殷墟外，又在郑州、洛阳等地发现了甲骨文。到目前为止，已出土了15万片以上甲骨。

甲骨文已形成一个较完整的文字体系，文字在此时的发展已相当成熟，共约有五千多单字，已显示了象形、指事、会意、假借、形声、转注等六种构字原则。可分为九种词性：名词、单位词（或量词）、代名词、动词、形容词、数词、副词、介词、连词、助词和否定词。甲骨文中，"主语——谓语——宾语"基本语序固定，并有宾语前置、状语后置等句式，复杂句子的基本语法结构已与周代及周以后的语法基本一致。

甲骨文已有从一到十和百、千、万等十三个记数单字，使用十进位制记数，出现四位数，较大的数字是三万。已有奇数、偶数、倍数的概念，当已掌握了初步的运算技能。

已有完整的六十甲子，用天干地支记日。有一月至十二月，甚至十三月的历法。如："庚午卜，大贞：王其彝，亡尤？九月。"并出现大量记时用的专名：天明前称"妹"；六点左右称"明"、"旦"或"旦明"；八点左右为"朝"、"大采"、"大食"；中午是"中日"或"日中"；二点左右是"昃"；四点左右是"小食"；"小食"以后是"郭兮"；黄昏称"小采"、"莫"；黄昏以后是"昏"或"夕"。还有日食、月食、新星的名称。

甲骨文中的十进位计算法

甲骨文中记有"疾首"、"疾目"、"疾口"、"疾耳"、"疾齿"、"疾身"、"疾足"、"疾喑"、"风病"、"龋齿"等疾病名称；记有《隶舞》《霓舞》《羽舞》等舞蹈名称；记有牛、羊、马、象、豕、鹿、麋、兕等动物名称、田猎的不同手段以及地名等。

从书写的工具、书法的技巧看，甲骨文也达到成熟的地步。卜辞大多刀刻，有些光有横笔或光有竖笔的现象，表明刻写者对字形的掌握已非常精熟；其中有朱书、墨书，表明当时已有毛笔，或先书后刻，或刻后填朱墨，大多都是直接刻成。甲骨文的笔划无论是粗是细，都显得遒劲、富有立体感，细而不轻，粗而不重，轻重疾徐表现得当，反映出契刻人对字和刀掌握已相当熟练。在行款上，有左行、右行、直行、横行之别，文字结体自然灵活，布局参差错落；在风格上按时期、书写人的不同，或壮伟宏放，或纤弱颓靡，或严密整饰，都体现了很高的书法艺术。

殷商甲骨文是出自殷人的第一手史料，真实地记录了殷商社会各个领域的历史状况，内容绝大部分与商王室有关，小至商王的梦幻、耳鸣，大至祭祀、

华夏文明的曙光

商代祭祀狩猎涂朱甲骨文。商王武丁时期牛胛骨记事刻辞，骨片巨大完整，正反两面刻辞，共有160余字。

征伐、年成，都是以商王或王室为中心。当然也有一部分非王室卜辞，其中有些可能是与商王室关系密切的强大宗族的卜辞，有些可能是有封地的贵妇的卜辞。甲骨文的发现，为历史学家研究文献不足的殷商时期的历史提供了宝贵材料，在纠正史书中的讹误和印证古书等方面具有较高的学术价值。如王国维根据卜辞纠正了《史记·殷本纪》中的殷人世系，胡厚宣则根据甲骨文中一块记载东南西北四方风的的名称而印证了《山海经》的史料价值。甲骨文也为古文字学的研究提供了宝贵的资料。学者可以根据甲骨文来纠正以小篆和金文为依据的古代汉字研究中所出现的错误。到目前为止，研究甲骨文的研究论著已达3000多种，

它们与甲骨文本身一样，成为中华民族和全人类的共同文化财富。

商人创造的甲骨文，不仅为研究殷商历史和汉字的发展提供了重要凭证，而且使甲骨学的研究成为考古学分支学科之一。甲骨学的研究内容主要包括文字释读、文字内容、社会历史考证以及卜法文例、分期断代等方面。它不但对中国古代史和古文字学、语言学的研究具有重要意义，而且将对宣传中国古代文明、加强与世界各国的学术文化交流起着积极的促进作用。

有关通讯的甲骨文

天文历法学迅速发展

　　夏代时，历法已有很大的进步。相传中国最早的历法便是出于夏代的《夏小正》，是通过观察授时的方法进行编制的自然历。

　　到了商代，大规模的祭祀和占卜，要求准确的祭祀时间和祭祀周期，加之农业生产的进步，社会生活的更高需求，使得商代历法在夏代的基础上进一步发展。

　　商代的历法是迄今已知较为完整的最早的历法。商代历法为阴阳历，阳历以地球绕太阳一周，即 365(1/4)日为一回归年，故又称"四分历"。阴历以月亮绕地球一周，即二十九或三十日为一朔望月。商代用干支记日，数字记月；月有大小之分，大月三十日，小月二十九日。十二个朔望月为一个民用历年，它与回归年有差数，所以阴阳历在若干年内置闰，闰月置于年终，称为十三月。季节与月份有大体固定的关系。

　　商代每月分为三旬，每旬为十日，卜辞中常有卜旬的记载，又有"春""秋"之称。一天之内，分为若干段时刻，天明时为明，以后有大采、大食；中午为中日，以后有昃，小食、小采。且为日初出之时，朝与大采相当，暮为日将落之时。对于年岁除称"岁"、"祀"之外，也称作"年"。

　　商代天文学中许多天象在卜辞中均有记载，如"日月有食"、"月有食"，在日食时并有"大星"等现象出现，可见对日、月食的观察之精细。卜辞还记载了观察到的"大星"、"鸟星"、"大火"等，不仅有恒星，

日蚀甲骨文，早于巴比伦的可靠日蚀记录。

华夏文明的曙光

还有行星，后世的二十八宿中的一些星座名亦见于卜辞，卜辞中"有新大星并火"，即是说接近火星有一颗新的大星。当时已有立表测影以定季节、方向、时刻的方法，卜辞的"至日"、"立中"等，就是这方面的记载。

商代观测天象与观察气象是相联系的。由于农业、畜牧业以及田猎等活动的需要，对气候的变化特别予以重视。卜辞中记有许多自然现象，"启"、"易日"为天晴，"星"为阴天及浓云密布，"晕"为出现日晕。记录自然界变化的有风、云、雨、雪、雷、虹、霖、雹，风有大风、小风、骤风。卜辞中还有祭东南西北四方风神的名称，如昗（和风）、宫（微风）、彝（厉风）。记录雨量的有大雨、小雨、多雨、雨少、雨疾、从雨、丝雨、延雨、绀雨。商人不止对一日之内，并且对一旬、数旬及至数月的气象变化进行了连续的记录。

商代天文历法的进步为后世提供了宝贵的经验。

小子逢卣

商代晚期帝乙在位时，某贵族子曾在某年十二月乙巳日，命小子（商代的官名或是诸侯）逢带领人前往堇地办事。事成之后，子赏赐逢贝二朋，以彰明他的功绩。贝五枚为一串，两串称一朋，是当时的货币。逢用贝来铸造祭祀母辛的卣，即是商晚期青铜礼器小子逢卣，现藏于日本白鹤美术馆。

器铭末还有"住子曰：'令望人方罾'"的内容，是有关伐人方的记载，但细节不详。盖铭上有小子逢家族的徽记，及"母辛"二字，用以标记器主的族氏，表明器为祭母辛而作的用途。从族徽看，中间有"子"，与商王室同姓，可知这个家族是商的宗室之亲。

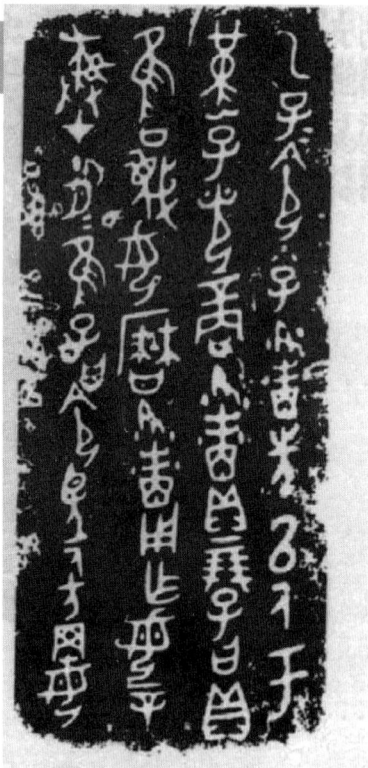

小子逢卣铭文

此器为我们研究商后期与人方的关系以及出现的商铜器铭文中大量族氏文字的现象提供了重要资料。

作册般甋

商末期帝乙帝辛时，商王想征伐人方，命作册般等人为出兵人方的事举行祭社。当时称为"王宜人方"，后《尔雅·释天》有解释，是"起大事动大众，必先有事乎社而后出，谓之宜"。这次祭社的结果是"无秕"，大吉，可以出兵。商王大喜，在祭社完毕后，赏赐作册般贝。作册般用来铸造祭祀父己的甋，并在甋上铸铭，记载了这件事，并在铭文铸上族徽"来册"，隐含了册令史官的职位。

这就是作册般甋的铭记。它提供了商末征伐人方以及伐前要进行祭社礼仪，确定吉凶的史料，是研究商史所不可忽视的可靠内容。

作册般甋铭文

戈成为主要兵器

戈是中国新石器晚期进攻性武器的格斗工具的一种，戈起源于新石器时代的镰刀类工具，经过数千年的演化，到新石器晚期和青铜文化阶段，戈已成为主要的格斗兵器，石戈和青铜戈已在当时的部落争战中广为使用。

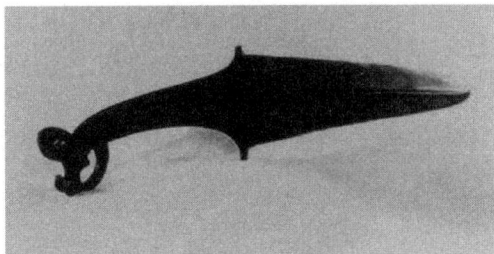

商代羊首短剑

最初的石戈头上下有刃，前有尖锋的援和装长柄的内组成，装在竹质或

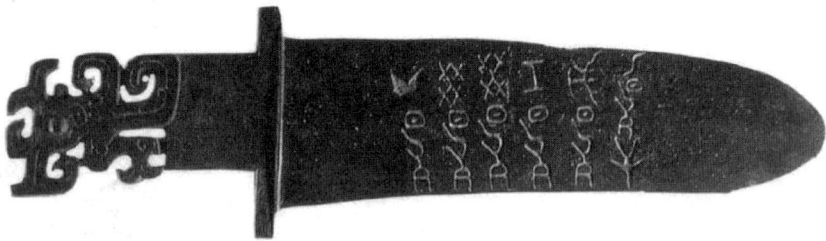

鸟纹戈。商代后期文物，由三戈成组，上有铭文。内容为祖、父、兄各世庙号，当为古人祭祀时的仪仗用器。

木质的长柄上，就成为石戈。到了青铜时代，铸造了青铜戈头，直的内，在援和内之间设有阑，在援下近阑处延成胡，长柄下端装有套筒状的镦使戈头和戈柄结合得更加牢靠，克服了在战斗中易于脱落的缺点。而銎内、曲内两种装秘方式则被淘汰。石头戈仅在福建、广东的一些新石器时代遗址中出土过。而最早的青铜戈，出土于河南偃师二里头遗址，至少是距今3500年以前的制品，到了奴隶社会，青铜戈才普遍使用。

八卦出现于甲骨、金文、陶文

商、西周的甲骨文、金文以及陶文中出现八卦数学符号是三千多年以前的事实，但直到二十世纪七、八十年代以来才得到较初步的认识。

宋代出土的"安州六器"之一的"中方鼎"，铭文末尾有两个数字组成的"奇字"（见图甲）王黼在《博古图》中释为"赫赫"，郭沫若《两周金文辞大系图录考释》中讲"末二字殆'中'之族徽"，唐兰《在甲骨金文中出现的一种已经遗失的中国古代文字》中收集了更多的材料，认为是"特殊形式的文字"，而且是"殷和周以外一个民族的文字"，都没有揭开其中之谜。

后来李学勤在《谈安阳小屯以外出土的有字甲骨》中指出"这种纪数的辞和殷代卜辞显然不同，而使我们想到《周易》的'九'、'六'"，显然已经着边，但无深入考查，因此仍没引起大的注意。1978年长春召开的古文字学术讨论会上，张政烺第一次具体地运用《易·系辞》所载八卦揲蓍法的原理，来解释周原出土甲骨文上的这类纪数符号，确认它们是八卦的数字符，并按奇数是阳爻，偶数是阴爻的原则，解释为（见图乙），经卦为（见图丙），别卦为剥和比。这在商周甲骨金文陶文的八卦字符的研究上走出了关键性的一步，并引发了学界对这一问题的深入探讨，逐步达成许多共识。

商、西周甲骨文金文陶文中出现的纪数符号，的确是八卦数字纪法的实证。目前已发现有八卦的器物计二十九件，记有三十六条八卦数字符号，这些符号广泛见于商和西周的甲骨、铜器和陶器上，包括青铜礼器鼎、簋、甗、卣、罍、盘，制铜器的陶范，日用陶罐、龟甲、兽骨和骨制箭镞等。而且在地域、社会阶层、时间的分布上都体现出八卦已是商周时代的流俗的特点。

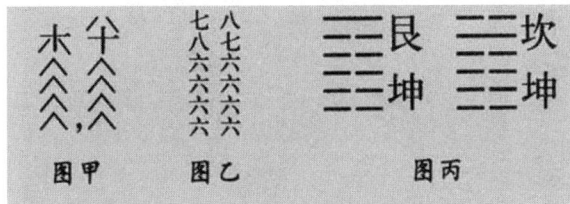

图甲　图乙　图丙

从现有材料看，筮法的出现，最迟不能晚于武丁，甲骨文的"⼗"是很好的证据，商代后期的重卦，有的略早于文王，有的与文王活动时代相当。组成八卦的数字都是"一""五""六""七""八"，而且早期形态的单卦符号较普遍地在西周出现，揭示出商周筮法同源，大可能"周因殷礼"，即八卦首先出现于商，后传至周。这就破除了两千多年来对于八卦起源说，特别是《史记·周本纪》记载的"文王发明重卦说"的"迷信"。

《易·系辞传下》载，"古者包（伏）羲氏之王天下也。仰则观象于天，俯则观法于地，观鸟兽之文与地之宜，近取诸身，于是始作八卦，以通神明之德，以类万物之情"，由于没有考古材料的发现，对于原始社会是否有筮法可以存而不论。

卜筮是人类在无力掌握客观规律的情况下，希望借助某种符号的变化窥测神明的意向，虽然有浓厚的宗教迷信色彩，但也保存了古代社会的一些社会生活情况，其中包含着朴素的辩证法思想的萌芽。商周甲骨文金文陶文中的八卦，已有井然有序的卦变，并出现三条平行线夹两条由两短线组成的平行线或两平行线夹三条由两短线组成的平行线的卦象。

华夏文明的曙光

青铜兵器广泛使用

商代晚期,青铜兵器已经广泛使用,殷王近卫部队、商军主力和战车兵均已主要装备青铜兵器。但一些消耗量特别大的兵器如箭镞等则仍用骨石和蚌质兵器。

这一时期,不但青铜兵器数量激增,而且器类齐全,形成了包括格斗兵器(戈、矛、戟、殳、钺、刀)、射远兵器(弓箭)和防护装具(胄、甲、盾)

商代晚期牺尊

的完备组合。由于青铜冶铸技术的发展,青铜兵器已能用纯铜、锡和铅来冶铸,增加了兵器的硬度;又出现了青铜胄表面镀锡的做法,既可防锈又更为美观。

主要的青铜兵器有:

戈:主要功能是勾、啄。由青铜戈头、柄、装于柄顶端的鐏和装于柄末端的镈四部份组成。

矛:主要功能是刺击。由矛头、柄和柄末端的镈组成。商代铜矛头较宽大,后逐渐变得窄而瘦。

钺:是由石钺发展而来的劈砍兵器。商周铜钺头形体很大,纹饰精美,属于权仗之器,是国君和统帅权力的象征物。而一些形体较窄小,两边平直的钺,当时又称戚,则多用于实战。

刀:有短刀、长刀、大刀三种,但在商周时期并不是重要的格斗兵器,而主要用于贵族佩饰。

戟:以戈、矛结合,具有勾砍和刺杀双重功效。商周已出现,但实战效

　　果不佳，经过多次改造，直到春秋时始成为主要作战兵器。

　　殳：棍棒类打击兵器，周代始有。主要用于车战。柄长 3 米，两端套有铜帽和铜镦。

　　箭：商代铜镞、骨镞、石镞兼用，西周主要使用铜镞，东周时期，骨、石镞被淘汰。

　　甲、胄：商代已用青铜铸造，甲则仍用皮制。西周时期出现青铜胸甲和用青铜甲片缀连而成的身甲。甲的防护部位已达胸、背、腹、胯、颈和胳膊。

　　盾：以木、皮等材料制作，并装有青铜饰件。盾高一般有 60 多厘米，宽约 45 厘米。

帝乙归妹

　　商王文丁杀了周族首领季历以后，殷周关系恶化。季历之子姬昌继位后，积极蓄聚兵力，准备为父报仇。此时，位于商王朝东南的夷方也先后同孟方、林方等部落叛乱，反对商朝。帝乙为了避免东西两方同时受敌，也为了修好因其父杀季历而紧张的商周间的臣服关系，决定将胞妹嫁与周侯，采用和亲的办法来缓和殷周矛盾，稳定全局，希望唇齿相依的殷周两大国之间彼此不记前嫌，亲善相处。周侯昌审时度势，认为灭商时机还未成熟，为了稳住殷王，同时争取充足时间，

商代乳钉纹铁刃钺。方内，上有一圆穿，有上下栏。身后半与栏、内相连，为铜制。前半为铁刃，经鉴定是陨铁，已锈蚀。钺身近栏处饰乳钉纹两行。

此钺陨铁刃嵌铸在青铜基部内，技法与玉刀钺相似。根据同出青铜器，钺的时代相当或略早于殷墟前期。

同意与商联姻。帝乙亲自择定婚期，置办嫁礼，并命姬昌继其父为西伯。成婚之日，西伯亲自去滑水相迎，以示其郑重之极。周人自称"小邦周"，而今能够与商王之妹联姻，觉得是"天作之合"，一时传为美谈，商周双方皆大欢喜。

　　殷周重归于好。

华夏文明的曙光

姬昌被囚姜太公出山

姬昌在相继灭黎、灭邘、灭崇，完成对商都朝歌的包围后，把国都由歧山迁至丰（今陕西户县）。

面对周人强大攻势的严重威胁，帝辛（纣王）不得不藉机断然将西伯昌扣押，囚于羑里（今河南汤阴北）。相传姬昌被囚时，曾将八卦演为64卦，并将作了爻辞、卦辞。

姬昌被囚之后，周大臣太颠、乙天、散宜生建议利用帝辛贪图享乐、爱美色的弱点，向他献美女名马。果然，帝辛释放了姬昌。

姬昌像

姬昌获释之后，更坚定推翻商王朝的决心，遇姜太公吕尚，拜之为军师。在吕尚的辅佐下，周境内政和讼平，民心大定，河东小国纷纷归附，造成当时三分天下周人有其二的局面，奠定了灭商的基础。

商纣荒淫亡国

约公元前1066年，周武王亲率戎车三百乘，勇士三千人，甲士四万五千人，东进伐纣，进入朝歌。纣王自焚。商王朝至此告亡。

纣本为帝乙少子，因此时以嫡庶为核心的宗法制度已初步形成，立嫡不立长，纣因是帝乙正妻所生，得立为太子。纣天资聪敏，体格魁伟，勇力过人，能赤手与猛兽搏斗，能言善辩，恃才傲物。帝乙死后，纣继位为帝王。

纣王好酒色，喜淫乐，广建苑囿台榭，宠爱美女妲己，唯妇言是听，高筑"鹿台"，命乐师师涓作"兆里之舞"、"靡靡之乐"等淫声怪舞，又"以酒为池，悬肉为林"，通宵达旦地饮酒作乐，不理朝政，不祭鬼神，成为罕有其匹的昏君。

纣王昏淫无道，致使百姓怨恨、诸侯离异。为重振自己天子威风，纣王作"炮烙之法"：用青铜制成空心铜柱，中间燃以木炭，将铜柱烧红，凡有敢于议论他的是非的，一律绑在铜柱上，活活烙死。

诸侯梅伯劝谏纣王废除"炮烙"酷刑，纣大怒，将他剁成肉酱，强迫其他诸侯食之，以杀一儆百。后纣又因九侯之女厌恶宫中生活而肉醢九侯。纣王肉醢九侯的举动，激怒了朝臣，但大家只是敢怒不敢言。鄂侯仗着自己是王朝三公的身份，与纣王激烈争辩，指责纣无道，纣当即将他处死，并制成干尸示众。纣醢九侯、脯鄂，西伯姬昌只在暗中叹息，不料为纣王得知，纣王命人将其囚禁在羑里。

纣王淫乱日甚一日，他的庶兄微子不忍坐视国家灭亡，苦劝纣王而不得，只好逃离王朝，隐居民间。纣的叔父箕子对纣的暴政早有不满，他装成疯子，混在奴隶之中。纣发现后，命武士将其囚禁。

纣的叔父比干亲眼见微子逃隐，箕子佯狂为奴，非常伤感。又觉得他们未能尽到人臣责任，认为人主有过错而不劝谏，就是不忠；怕死而不敢进谏，就是不勇。于是他以死相争，接连三日苦苦劝谏纣王，不肯离开一步。纣恼羞成怒，下令杀死比干，剖腹取心，声称要看圣人的九窍之心。

纣王昏乱暴虐，愈演愈烈：杀王子比干、囚禁箕子，人民的不满无以复加，连太师、少师都抱乐器奔周。纣王已众叛亲离、彻底孤立，周王伐纣时机已经成熟。于是，武王遍告诸侯：殷有重罪，不可不征伐！武王亲率大军，与

商代奴隶陶塑

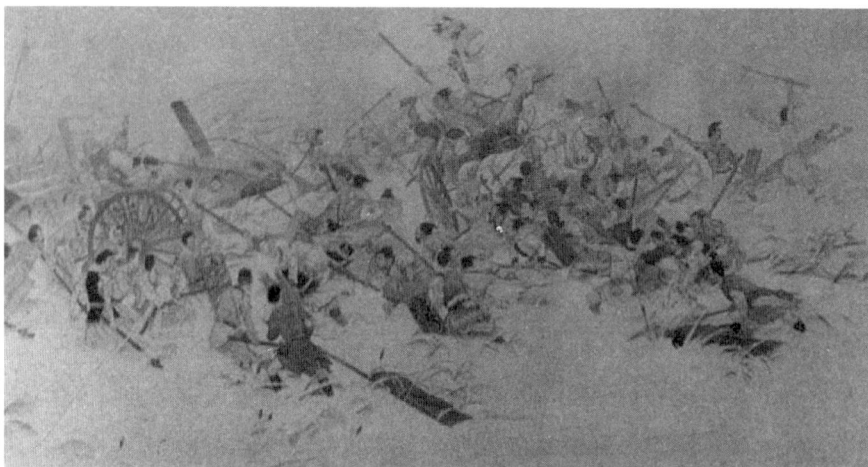

牧野之战。图为商军中奴隶倒戈。

各地赶来的诸侯会合。武王历数纣王罪行，声称要"恭行天罚"。武王十一年二月甲子日早晨（前1066），周之诸侯之师到达距朝歌只有七十里之遥的商郊牧野，庄严誓师。纣王闻讯，匆忙调集大军，开赴牧野，与武王对阵。纣王之师远远多于武王，但是因纣王暴虐已极，遗弃骨肉兄弟，任用奸人，残害百姓，纣王军队无心恋战，只盼望武王尽快打败纣王。双方一交战，纣军士兵就倒戈转向纣王。武王乘势指挥军队冲入敌阵，纣军全线崩溃。

纣王逃回殷都，登上鹿台，用四千多块宝玉环绕周身，然后自焚。武王率大军进入朝歌，百姓们列队欢迎仁义之师。

武王对纣尸连射三箭，然后下车，用剑击之，再用黄钺砍下纣首级，悬于大白之旗示众。

从汤到纣，商王朝历十七代三十王（不包括汤长子太丁），四百九十六年。武王灭了商纣王，商王朝至此告亡。

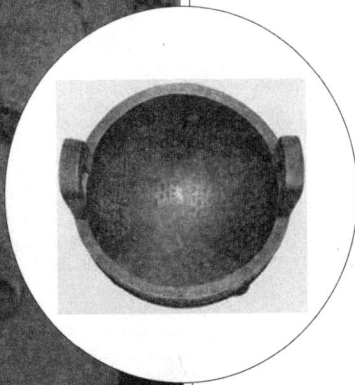

西周

约 1066~967B.C.

西周

前 11 世纪

周武王十一年

十一年武王伐殷，战于商郊之牧野，遂灭商。

武王都镐（今陕西西安西），分封王子诸侯。丰镐遗址发现房屋、窖穴、墓葬、车马坑、水井、手工业等遗迹。

周成王（诵）（武王子）。即位时年幼，周公旦摄政。武庚、管叔、蔡叔与东方夷族反周。周公东征。杀武庚、管叔，放逐蔡叔，二年（或云三年）平定叛乱。大封诸侯，主要有：鲁，齐，卫，宋，蔡，晋，楚。

成王七年，营建洛邑（今河南洛阳），东为成周。

周公制礼作乐，建立周代典章制度。今存儒家经典之一《周礼》（亦作《周官》或《周官经》），旧传周公旦所作。

儒家经典之一《仪礼》旧传亦周公旦作，经孔子编定。

周初整理前代《云门》、《咸池》、《大韶》、《大夏》、《大获》，连同新作的《大武》，制定为"六代舞"。

约前 10 世纪

周康王（钊）（成王子）即位。旧传成康之际，天下安宁。

康王时册命矢为宜（今江苏丹徒附近）侯，分给土地等。今存宜侯矢簋，其铭文证明周初势力已达长江下游地区。

周昭王（一作邵王）死，瑕（康王子）即位。曾率师攻楚，死于汉水之滨。

1090B.C.

埃及第二十一王朝（前 1090~前 945），埃及大乱。

1080B.C.

以色列王扫罗领导以色列入与菲利斯丁人进行斗争，屡败菲利斯丁人，但后以兵败自杀。

1000B.C.

腓尼基泰尔城邦在此时期达到最繁荣时期，此繁荣时期维持二百余年（前 1000~前 774）。

犹太约于此时在大卫的领导下，彻底统一。大卫领导犹太人击溃菲利斯丁人，定都于耶路撒冷，犹太王国遂以形成。大卫在位时期约为前 1000~前 950 年。

希腊人定居于小亚细亚。

周武王封邦建国

西周都城遗址

武王四年（前1066），周王朝王式建立。

牧野之战后，武王进入商都，分商的畿内为邶、鄘、卫三国，以邶封纣子禄父（即武庚），鄘、卫则由武王之弟管叔鲜、蔡叔度分别管理，合称三监（一说管叔监卫、蔡叔监鄘、霍叔监邶，以监视武庚）。随后派兵征伐尚未臣服的商朝诸侯，据记载征服者有99国，臣服652国。

克商后，武王还师西归，在他新迁的都邑镐京（即宗周，今陕西长安西北沣水东）举行盛大典礼，正式宣告周朝的建立。

周王朝建立后，所面临的政治形势相当严峻，武王以"小邦"之君统治如此大的区域，担心诸侯叛乱。为了巩固政权，适应新形势的需要，武王决定按功行赏，调整统治集团的内部关系，实行以周王室为中心的分封政治制度。先后受封的功臣昆弟主要有：姜太公、周公旦、召公奭等。

天亡簋

天亡簋作于周武王时期，是目前所见周代最早的铜器，因铭文中有"天亡又王"句，故名。又因铭中有"王又大丰"，故又名"大丰簋"。当时陈介祺误读朕为聃，并谓其为毛叔所做，故称"毛公聃季簋"，唐兰更之，谓

华夏文明的曙光

为"朕簋"。此器于清道光年间出土于陕西歧山。铭文记载了周武王灭商以后在辟雍内的明堂为父文王与上帝举行祭典，追述了武王在文王等先王的护佑下灭商的成就，称颂了王的功德，记载了西周祭祀盛典的情形。

铭文的大意为：乙亥日，武王举行大礼，泛舟于大池的三方。在明堂中举行祀典，天亡做王的助祭，隆重地祭祀其光辉的父考文王和仁慈的上帝。文王死后其灵在天，保佑光明正直的武王成就事业，

天亡簋局部

天亡簋

天亡簋铭文

攻克商城，终止了殷王的祭祀。丁丑日，王大宴宾客，……我有善功，敬扬王的美德。

其铭文与商代彝铭比较，风格迥然不同，不仅格调新颖，结构严密，而

且通体韵文，远胜商代一筹，这件簋因为是西周初年，武王刚伐商时做的，可以说明在商代后期西北地区的周王国已经有很发达的文化，青铜工艺也已发展。

天亡簋是研究西周初年祭祀制度和历史文化的重要资料，而且它作为传世的周武王时期的标准器，为铜器的断代提供了可靠的依据。

利 簋

利簋是西周时代最早的铜器，1976年于陕西临潼县出土，该器高28厘米，口径22厘米，方座纵横各为203和20厘米。其上有铭文四行三十二个字，记载了武王伐纣一事，是历史上最早记载这件大事的珍贵资料。

铭文内容大意是：周武王征讨商纣之时，是在甲子日的大清晨，这时岁星当位，即征商时间与岁星运行的位置相合，天象相应。当天晚上，攻克朝歌占有商国。甲子牧野之战后的第七天，即辛未日，武王赐给有司（官名）利（人名）以金（铜），有司利便用受赐之金为檀公作宝尊彝。

利簋的出土，《利簋》铭文的发现，使典籍所载商周决战在甲子早晨而克商在甲子晚上的史实，有了实物的证明而成为定论。根据《尚书大传》可知，武王伐纣率兵到达朝歌郊外驻营宿夜时，士兵群情振奋，

利簋铭文

"皆欢乐以待旦"。《尚书·牧誓》则记载，甲子日清晨，武王的军队在商朝歌郊外牧野开了誓师大会。《史记·周本纪》则记载了商朝士兵迎战的情形，他们大多没有战斗的心情，只急切盼望武王攻克，因此出现了倒兵以战的局

利簋。武王伐纣的牧野之战，主要是兵车大战。图为周朝记载牧野之战经过的利簋。

面。武王马到的地方，纣兵都纷纷叛纣而归顺武王，商纣王绝望之下逃回城中，跑上鹿台。《逸周书·世俘》则记载在甲子日的晚上，纣王环玉于己身而自焚于鹿台之上。

通过这些典籍的记载再结合《利簋》可以知道，武王伐纣的牧野之战，周师斗志高昂而商兵不仅无心作战而且还倒戈攻纣，人心向背战事的胜负已经十分清楚，所以一场商周决战仅从甲子日清晨到晚上便以纣王自焚，武王迅速占领商国而告终。尽管相关历史文献记载武王伐纣之师最多也不过四万，而纣王却有十七万之众。

利簋同时还为西周铜器断代提供了标准器，因而具有极为重要的历史考古价值。

成王年幼·周公摄政

周成王元年（前1063），太子诵继位。成王年幼，曾辅佐克商的武王之弟周公旦摄政。

管叔、蔡叔怀疑周公将篡取王位，传播流言，武庚也谋划复国，与管、蔡结合叛周，纠集徐、奄、薄姑和熊、盈等方国部落作乱。周公奉成王命东征，经过三年战争，终于平定叛乱。武庚和

周公像

管叔被诛，蔡叔被流放。为了消弭殷商残余势力叛周的隐患，周朝首先命令诸侯在伊洛地区合力营建新邑，即周朝的东都洛邑（成周）。东都既成，遂迁曾反对周朝的"殷顽民"于此，加以控制。同时，封降周的商贵族微子于商朝故都宋地，以代殷商之后；封武王少弟康叔于纣都，成立卫国，赐以殷民七族；封周公长子伯禽以奄国旧地，成立鲁国，赐以殷民六族。这样，殷商余民遂被分割，逐渐服从于周朝的统治。

伯夷叔齐不食周粟

伯夷、叔齐均为殷代孤竹国（今河北卢龙南）国君之子。国君欲传位于幼子叔齐，叔齐认为应该由长兄伯夷即位方合于礼，便将君位相让。伯夷认为叔齐继位是父亲之命，为人子者应该顺从父命，执意不肯即位，不久出逃回避。叔齐依然不肯即位，也出逃避位。国人只得立国君中子为王。

伯夷、叔齐听说西伯姬昌敬老尊长，相携投奔。入周时，西伯已死。武王正用车载着西伯牌位，率师征伐殷纣。他们拦住武王，叩马进谏，

伯夷像

认为父死不葬而大动干戈，就是不孝；周为殷之臣，以臣伐君，就是不仁。因此，他们坚决反对伐纣。武王左右随从要杀他们。太公望说这是仁义之人，命人将他们扶走。

武王灭商后，天下都拥戴周的统治。伯夷、叔齐觉得周不仁不义，再食其粮是耻辱，遂隐居于首阳山（今山西永济南），以采食野菜为生，不久饿死。临死前，他们仍然认为，武王伐纣是以暴易暴而不知其非，嗟叹自己命运衰薄，不遇神农、虞、夏的大道时代，而遭逢这君臣争夺的乱世，以至找不到归宿。

保 卣

西周初年，武王病死，成王年幼，周公摄政。管叔、蔡叔伙同商纣王之子武庚禄父起兵叛乱，东国广大地区国族都参加了反叛行动。成王命"召公为保，周公为师，东伐淮夷"、"伐诸武庚"，歼灭了薄姑、丰伯等主要五国。

保卣铭文记载了成王令召公大保奭征伐"殷东国五侯"，保顺利完成任务，成王称美保的功劳，进行了奖赏。保用作祭祀文父癸宗位的尊彝。而成王平乱后也在宗周举行大祀，四方诸侯都与会助祭。把它记在铭末是殷周之际铭末叙述当

保卣

年发生的大事作为纪年的一种习惯，客观上它又为研究周史提供了极重要的资料。

保卣记录的史实与《史记·周本纪》、《逸周书·作雒》、《汉书·地理志》等史籍记载相符，印证了史籍的可靠。又与《犅方鼎》《大保簋》等考古器铭相合，可互作参证。可见其在西周史研究中的重要意义。

周公姬旦奠定周礼

西周初年，实际掌握周朝大权的摄政周公姬旦制定了完整的周礼系统，成为西周及东周数百年间占统治地位的国家体制，并决定了人们的生活方式，这套周礼体系将商人的宗教，政治制度和周民族自己的宗族、政体、信仰传统融为一体，将新石器时代以来中国大地上的以上帝天命为主导、以宗族宗法为基础的文化发展到了顶峰，形成了青铜时代中华文明的古典形式。

周礼的思想基础和核心是天命观，天命是周民族的重要贡献，它与殷商民族的上帝有着明显的联系，但也有着本质的不同。周民族的天与上帝一样是有意志、感情，关涉人间事物并且决定人们行为的人格神，在一些周人的文献中甚至天与上帝合称而不

周公测景台。周公姬旦在阳城（今河南告城镇）设台观测日影，后人称为周公测景台。这是我国最早的、保存最完整的古天文遗迹！

分。但周礼天命观的本质是德，德是人的行为，"以德配天"是天人交合的方式，这就与殷商民族求天、祭天、问天的一元决定论有了区别。

在历史的阐释中，周公把周人取代殷商成为统治民族归因于德，文王"明德慎罚"，德行敦厚，勤劳谨慎，具备了"德"，才得到上帝和小民的认可，被赐予王权，这不但是周人王统的理论论证，也是周公对周王朝统治构成的

华夏文明的曙光

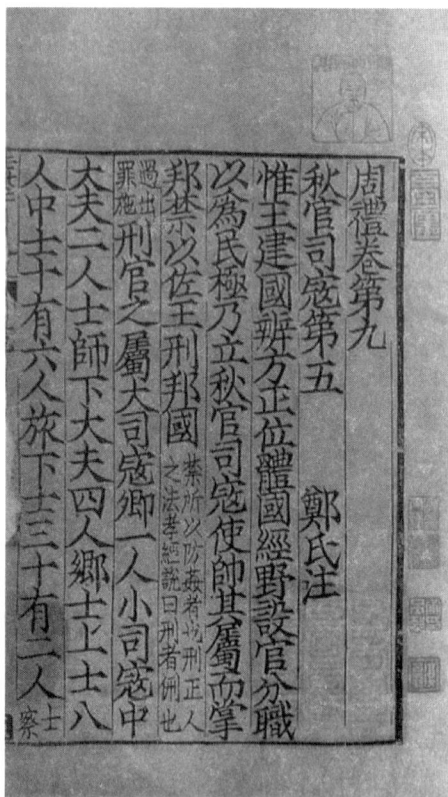
周礼书影

规定。"以德配天"肯定了人的主观努力，把它作为天和上帝对人们的作用方式，从而形成了周礼中主动的伦理学，周礼之下的统治者同人民一样不能再象殷商民族那样依靠上帝、列祖列先的恩惠和启示生活，而要主动地靠有德的生活方式来取得上天的监督、赏罚和顾籍，"我亦不敢宁于上帝命"，"敬之，敬之，天维显思，命不易哉"。

由这种天、德二元基础出发，周礼形成了一系列伦理道德观念，它们成为周礼的精神和核心。周公从"敬德"出发，阐发了"保民"和"慎罚"的主张，以之作为"德"在统治上的主要规范，这一点不但是周统治的中心思想，经战国儒家张大后，也成为全部中国政权的根本规范。从德的各种涵义引申出"君子"，这个合德的人的概念，把"有孝有德"作为"君子"的规范，以君子为"四方之则"。"孝"与"德"并行，"孝"是传统宗族宗法观念的伦理化，"追孝"是周人用礼器中追念、祭祀先人的活动的总称，以祖先为核心的宗族观念发展为"孝"的伦理范畴。

在天命论基础和德的伦理观念之外，是一整套严格的社会制度。周人的礼是政治、宗法制度的一部分，是从这个制度派生来的人们的关系的规范，周人的政治、宗法制统一表现为宗法制与分封制。

宗法制度是规定同一祖先的后世子孙，即一宗内部成员间的亲疏、等级和世袭权利的制度。其中嫡长子继承制是以嫡长子为全宗族的大宗，旁系庶子为小宗。历世的周天子都以嫡长子的身分继承父位为天子，奉戴始祖，成为姬姓宗族的"大宗"，他的同母弟与庶兄弟受封为诸侯，是为"小宗"。

周公测景

在诸侯国内，也根据这一原则，由嫡长子继位为下一代诸侯，成为封国内的"大宗"。其诸弟则被封为卿大夫，是为"小宗"。卿大夫在自己的采邑内，也实行嫡长子继承制，成为采邑内的"大宗"，其诸弟则为士，是为"小宗"。士的长子仍为士，其余诸子则降为庶人。

与此同时，周初进行了大分封，周天子将其子弟、亲戚、功臣等分封到全国各地，并授予相应的土地和人民，在分封国中，以周王室同姓贵族为主，其中尤以文王、武王及周公的子孙为多，非姬姓的齐（姜尚）、宋（微子）等也与周王室关系密切。

西周封国中，同姓国是主体。对于异姓功臣封国，周室也通过缔结婚姻的方式，把它们纳入了"以蕃屏周"的轨道。

被封的诸侯，在本国内也进行同样的对其属下的分封。诸侯所封的人，基本为其同族，也有少数异姓，他们得到采邑，是为"卿大夫"。卿大夫继续分封，受封者即为"士"，有食地，士以下不再分封。这样自上而下层层分封的结果，就形成了宝塔型的贵族统治结构。这个统治结构井然有序，从而有效地加强了周王室对全国的控制，稳定了统治秩序，这不能不视为周朝政治制度建设上超越商人的一个重大进展。

宗法制与分封制决定了周代政治和社会生活的格局，它将天命、君权、宗族关系与政治结构融为一体，并由此完善地形成了朝聘会同的礼制和雅乐体系，在新石器时代开始形成的中华文明在青铜时代的鼎盛期达到了完美的形式。

相应于礼制，周王朝还形成了以太师、太保为首脑，以卿事寮为中心，以其属官"诸尹"为基础的中央官制，并在礼制实行中逐渐凝固出一系列习惯法形式，以礼为依据，以誓、法、令第命为形式，以刑作罚的法制形式固定下来。

雅乐成为官方礼乐

周朝建立使奴隶制经济空前发展，音乐文化显著提高。西周初期的统治者建立起中国历史上完整的宫廷礼乐制度。统治阶级在宗教、政治等仪式典礼中所用的音乐和乐舞，后世称为雅乐。雅乐的黄金时代在西周，到春秋时期，它渐趋衰落。

雅乐的始作俑者是周武王姬发，在他兴师伐殷的过程中，军中常表演歌舞以鼓舞士气，灭殷后又作了《象》和《大武》等大型歌舞庆祝胜利。公元前11世纪周成王姬旦在位时，制定各种贵族生活中的礼仪和典礼音乐，以此来加强宗法制社会的等级制度，巩固王权。后继的统治者把礼、乐、刑、政并列，使音乐的社会功能与政治和法律等统治手段结合在一起，成为贵族统治的支柱。据《周礼》、《仪礼》、《礼

西周井叔钟

记》等古籍记载，西周各种贵族礼仪应用雅乐的场合有：一是祭祀，二是宴飨，三是射礼，四是军事演习和军功庆典。显然，雅乐是为维持统治阶级内部秩序而设立，普通百姓与之无涉。

雅乐的主要形式包括：一是六代乐舞，包括黄帝、唐尧、虞舜、夏禹、商汤、

周武王留下的最高规格的乐舞，用于祭祀神明天地祖先；二是小舞，有羽舞、皇舞、干舞、人舞等名目；三是诗乐，大都载于《诗经》中的"大雅"、"小雅"、"颂"；四是宗教性乐舞。

在礼乐制度中，其歌唱、舞蹈、器乐演奏所用的调式、乐曲及演奏顺序，甚至乐器种类、数目、表演时间、地点、场合都有繁琐的规定，这给人一种沉重的压抑感，反映了贵族阶级庄严神秘而沉闷呆板的美学观念。

雅乐所用乐器如编钟、编磬的制造要耗费大量人力物力，只有贵族才能配置。湖北随县出土各种土乐器124件，其中一套65件的编钟最为精美，从实物上印证了周朝雅乐的奢侈和辉煌面貌，反映春秋时代我国古代音乐所达到的高度水平。

周王室为了推行雅乐，设置了专门机构大司乐，掌管音乐行政和贵族子弟的音乐教育，目的是培养大批音乐专职人员，承担各种仪式典礼的表演任务，贵族子弟受教育的内容规定为"四术"，即诗、书、礼、乐。他们必须按规定的时间和严格的程序接受教育。

西周成熟的礼乐制度和音乐教育体系，使贵族和知识阶层普遍重视音乐修养，把它看成日常生活要素之一，这对于巩固奴隶制宗法统治和积累音乐艺术实践的经验，发展乐器、乐制等音乐文化方面无疑是有利的，西周礼乐制度和音乐教育体系的完备和成就，在当时的世界上是绝无仅有的。但其严格的社会等级制度，礼的呆板森严，束缚了音乐艺术本身的发展，阻碍了音乐审美的大众化，因而雅乐的制度和体系随着周朝中央政权的瓦解而衰落，形成春秋时期"礼崩乐坏"的局面，贵族诸侯深感雅乐的沉闷压抑转而喜爱世俗音乐，一种新的音乐潮流以独立的审美姿态在民间蓬勃兴起，这就是以"郑卫之音"为代表的新乐潮流。在整个封建社会时期，个别皇帝如康熙、乾隆对雅乐饶有兴趣，雅乐借政治力量勉强保持着一席之地，但其传统优势又被民间世俗音乐所吸收，因而雅乐本身已毫无生气。雅乐的乐器在音乐苑囿里遂渐消失。

冠冕服装成熟

　　服装的进化是文明发展的一种表现。西周时期出现的冠冕服装反映出周代礼仪制度的成熟与完备。

　　冠制是先秦服饰中的重要组成部分，冠帽与衣裳的产生相始终，二者合起来才形成一套完整的服装，所以冠帽与

西周丝织物。上面涂有石黄和朱砂。1975年陕西宝鸡茹家庄出土。

衣裳必须同步发展，才能搭配协调。冕服是周代天子帝王在祭祀、登基、婚礼、朝会、寿日、册封等重大活动时穿的衣服，代表周代服装设计的最高成就。缥裳等组成。戴冕冠者须着冕服。冕服上衣为黑色，称为玄衣，下裳为绛色，称为裳。冕服上用五种颜色绘绣十二种图像（上衣绘出纹样，下衣绣出纹样），称十二纹章，依次为日、月、星辰、山、龙、华虫、宗彝、藻、火、粉米、黼黻。周代以前，十二纹章全施于冕服上，到周代，日、月、星三像被画于旌旗，不再施于衣服。即使在最隆重的场合，帝王的冕服也只有九章，前五章绘出，后四章绣出。其他场合用七章或五章即可，一般来说，章数与冕冠上的旒数相配。如果冠用八旒，衣裳则用七章；冠用七旒，衣裳就用五章，以此类推。

　　周代冠的形制有冕与弁两种。冕是大夫以上的官员才可戴的礼帽，其形制与一般的冠帽有别，冕的上面是一幅前低后高的长方形板，叫延。延的前后挂着一串串的圆玉，叫旒。旒数反映官员的等级，一般天子十二旒，诸侯以下旒数各有等差，等级最低的玄冕仅有二旒。

　　冠冕服装作为帝王、诸侯及卿大夫的专用服装，其严格的等级规定本身就有十分鲜明的政治色彩。周代颂教铭记载："易（赐）女（汝）玄衣黹屯，赤市朱黄。"铭文中所说的"赐汝"就是当时周天子赐命于诸侯及有功的臣僚的服饰，连衣服及鞋子的颜色也作了规定。此外，冕服上束在腰间的大带和革带也有等级之分。总之，冕服作为官服，适应周代礼仪制度的发展而不断完善。

　　周代服装丰富多彩，除官场专用的冕服外，日常生活中的服饰也很有特色。从冠帽来说，除冕外，还有用鹿皮缝合的皮牟（武冠），以及顶上有延、红中带黑的爵牟（文冠）。男子长到 20 岁行加冠礼，小孩、女子、平民、罪犯和异族人不戴冠，平民以巾裹头，不得戴冠。上衣的式样很多，有齐腰或到膝盖的短衣即襦，也有上下衣裳合为一体的深衣，类似今天的连衣裙，镶有彩色花边。周代服装实用美观，其样式与采用的衣料随四季冷暖不同而变化。有夏天穿的单衣，春、秋两季穿的带里子的夹衣和用以御寒的裘、袍、襁等，贴身穿的内衣也有专门设计。

　　周代以冠冕服为代表的服装习俗及其制式表明，这一时期的衣服已不象史前时期那样完全出于功利和实用目的而设计，而是伴随社会发展和文明进化的历程不断演变，成为周代文化的一个重要部分。

中国宗庙祭祀体制在周代设立

　　宗庙祭祀在周代成为国家政治生活的一项重要内容，产生专供祭祀使用的建筑群并且建立规范祭祀活动的礼仪制度，形成一套完备的宗庙祭祀体制，为历代封建王朝沿用和发展。

　　中国早在夏朝就有正式的祭祀活动，其内容以祭拜天地和自然神为主。周代推行以礼治国的方针，祭祀活动遂成为国家政治统治的一种方式，由国君亲自主持祭祀天地、宗祖和社稷的礼仪制度在周代正式形成，与此同时，中国古代专供祭祀使用的礼制建筑群产生，祭祀遂有了专门的场所和规范的仪式。

　　这些礼制建筑按祭祀内容分为几类：一类是建于皇城之前作为帝王祭祀

华夏文明的曙光

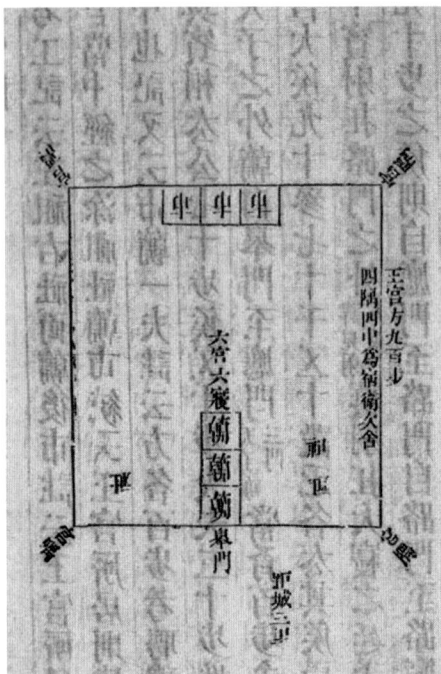

周代宫室图。《考工记》中有"左祖右社，前朝后市"的记载，宫图中明确表示出左祖(太庙)右社(社稷坛)的布局，说明修建明代宫城时仍严格按《周礼》的要求设计。

祖先的"太庙"和祭祀社稷的"社稷坛"；一类是建于都城近郊供帝王祭祀天地的"天地坛"，以及分布在全国各地由帝王派出宫吏主持祭祀的岳庙、镇庙和渎庙；还有一类是为定国安邦而建的祠和庙，如后来的孔庙、武侯祠等。这些建筑适应周代以礼治国的统治方式，反映了这套祭祀体制的完备与成熟。根据周代礼治主义的观念，没有这套祭祀宗祖和社稷的活动和场所，国不成其为国，君不成其为君，废祭祀甚至可以成为被讨伐的理由。因此每个帝王都把礼制建筑置于最突出的位置，给予最隆重的处理。这类建筑追求典雅、纯正，不加浮饰，显得庄重而神秘。

周代礼制建筑非常严谨，帝王的祭祀活动都有严格规定。祭祀天地是王朝政治活动的重要内容，周代规定祭天是帝王的特权，诸侯只能祭土。祭天地要在都城之外的郊进行，方位与阴阳相配，祭天于阳位南郊，祭地于阴位北郊。帝王祭祀祖先在宗庙建筑——太庙进行，太庙按周制被置于都城宫殿建筑群的左前侧。祭祀社稷反映我国古代以农立国的社会性质，社代表土地，稷代表五谷，社稷成为国家的代称。祭祀社稷在社稷坛进行，其总体形制与太庙相反。除祭祀天地、社稷和宗祖外，国君即位和出盟也要举行大祀，象征性地表明国君的统治权力来自祖先神灵。这些祭祀活动不仅表达对天地和祖先的崇敬和感恩，它还起着治国安邦、抚慰民心的作用。宗庙祭祀不同于宗教崇拜，它带有很强的政治色彩。中国古代奴隶社会对至上神的崇拜从一开始就兼有祖先崇拜的意义，宗法血缘关系直接构成周代社会基础。周代设立的宗庙祭祀体制，以宗法原则为依据，适应周人祖先崇拜的观念，把祭祀活动贯穿在国家政治生活中，客观上起了教化民心、淳化民风的作用。由帝王亲自主持祭祀大典，国君独揽祭天的大权，这种思想在周代宗庙祭祀体制中的反映，体现了神权与皇权的统一。

周代设立的这套宗庙祭祀体制，作为礼治思想的外化，使宗法观念和礼治意识在一代人头脑中固定下来。并且一代代沿续，影响了几千年来中国社会和中国文化的发展。

明堂制形成

明堂制度是一种宗教、宗法、政治、社会意识形态一体化的制度。明堂制形成于周代，是中国古代宗教在周代达到鼎盛的重要标志。

明堂从建筑到功能都是一个不断发展的过程。远古的明堂是一个有顶无墙，四面开放式的大房子，是古人进行宗教活动的场所。随着朝代更替，明堂的名称也在不断变换。明堂则只是周代的称谓。

周人在前代明堂的基础上，渐成一种明堂制度。该制度以明堂为核心，形成一个政教合一的政治体制和宗教、宗法、政治、伦理、教育一体化的意识形态。明堂在周代具有综合性的多样的功能。如在宗教上，明堂中央大殿是周人祭天、祭祖的宗教殿堂。明堂报享是周人

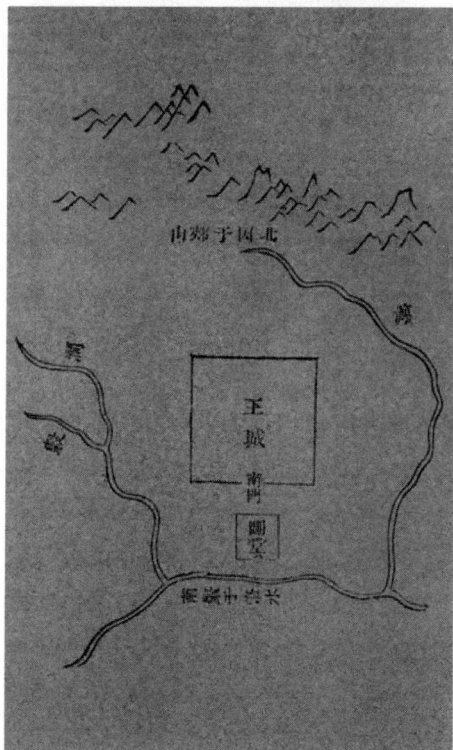

西周营建东都洛邑图

祭天的三种形式之一，是一种常祭，其次是祭祖，中国古代社会是宗法社会，父系血缘是连结人们的纽带。因而祭祖仪式受到统治者的特别重视。同时统

华夏文明的曙光

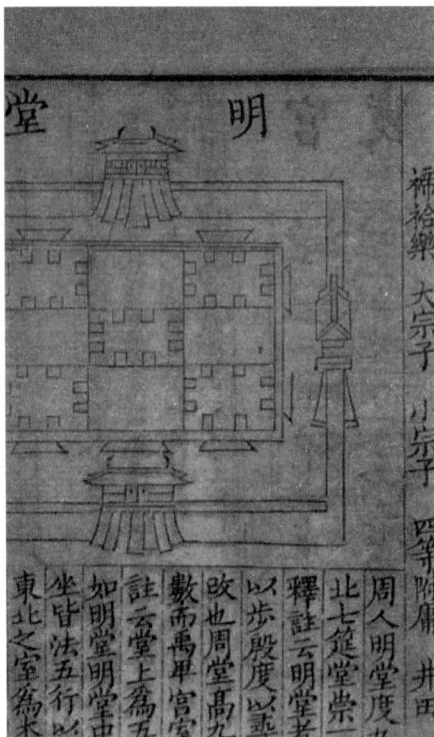
周代明堂图

治者又通过祖灵将天神垄断以利于自己统治。在明堂制度中，宗教与宗法合一，天神与祖神合一，宗法制度由宗教而获得神圣的光辉。在行政方面，明堂是国家的政治中枢。在政教未分的年代，宗教圣所也是王朝执政的殿堂、天子朝会诸侯的地方和颁行历法的地方。在教育上，周代教育与宗教、政治合一。天子将未成年的贵族子弟集中于此，通过明堂中的宗教祭祀活动教子侄们宗教知识和宗教伦理；通过明堂中的政治活动教子侄们学会掌握政权，控制臣属的知识；通过种稼了解生产知识，知稼穑之艰难，通过狩猎学会骑马打仗，练武用兵。

明堂制度的建立标志着古代宗教发展的最高水平。宗教成为占统治地位的意识形态，笼罩了社会生活的各个方面。宗教与军事，一文一武，是巩固国家政权的两项基本手段。

六艺教育的形成

西周在继承商代教育体制的基础上，建立起典型的政教合一的古典教育官学体系，形成当时先进的六艺教育。

据文献记载，西周官学分为国学和乡学，国学专为贵族子弟设立，设在王城和诸侯国都，分小学和大学两级，小学在城内宫廷中，大学在南郊。乡学则按地方行政区域，州设序，党设庠，闾里设塾，乡设校。乡学教育对象是地方普通贵族子弟及致仕退居乡里的绅士乡官子弟，乡学的优秀生可升入国学。

西周国学教育内容以礼乐为中心，附以射、御、书、数的六艺教育。礼教是有关政治、宗法、人伦道德规范礼仪等知识的教育，在六艺教育中占有核心地位。西周国学礼教包括吉、凶、军、宾、嘉五个方面，由师氏主掌，乡学有冠、婚、丧、祭、飨、相见等"六礼"，由大司徒主掌。乐教主要学习宗教祭祀乐舞知识，即乐德、乐语、乐舞的教育。乐教是国学主课，由大司乐总其责。乐德教育

西周旅觥。盖前端为羊首，额上加小兽首。盖面起扉棱，前有伏龙，两侧衬以夔纹，后端为饕餮纹。器口下饰顾首夔纹。兽器腹及圈足为方形，腹饰饕餮纹，足饰顾首夔纹，扉棱七道。有铭四十字。

包括中和祇庸孝友六方面，核心是张扬等级观念。音乐之道与政相通，各种重要的国事活动和宗庙朝觐、祭祀、乡饮酒礼等都配以乐，以不同的乐舞表达现实世界的尊卑各分，"亲疏、贵贱、长幼、男女之理，皆形见于乐。"（《礼记·乐记》）乐语教育包括兴、导、讽、诵、言、语，乐舞主要有黄帝、唐尧、虞舜、禹、汤、文武六代史诗性配乐舞蹈，歌颂历史人物的丰功伟绩。礼教与乐教相结合，可缓和统治阶段内部矛盾，调和尊卑贵贱之间的冲突有利于巩固西周王权。

六艺中的射御是培养武士的军事技术训练，西周礼法中规定士子要习"五射"：白矢、参连、剡注、襄尺、井仪，学"五御"：鸣和鸾、逐水曲、过君表、舞交衢、逐禽左。射御是一种综合性的教育。包括道德情操、内心志向和技艺的培养。当时射最受重视，射艺的高下常作为士子奖励、提升的标准。贡士也要经过射礼考核才定优劣。书数是有关读写算的知识教育，主要在小学阶段讲授，称为小艺，而射御在大学阶段学习，称为大艺；礼乐之教，是最高境界的道德学问，是学为人君、治理天下必备的修养，故称为大道、大德。

西周六艺教育的特点是学在官府、官师合一，教师既行教又兼管国家事务。这与古希腊罗马教育截然不同，后者为私立学校，教师地位低，西周的学校均为官办，执教者也为现任官吏，这种官与私的两种类型，反映了东西方两种教育形态最初的历史渊源，中国古典教育在西周已初具规模。

西周晚期，奴隶制统治开始动摇，到了春秋战国，封建经济不断发展，周王室势力日渐衰微，出现了"礼崩乐坏"的局面，兴起学在四夷的私人自由讲学的风气，贵族官学从此走向衰落，中国古代教育的一次重大改革正在来临。

周人始用陶瓦

西周初期，陶瓦出现。在西周早期的遗址中，人们发现，周人在建筑房屋时已经使用陶瓦，但数量比较少，只用于屋脊和屋面，无筒瓦、板瓦之分。瓦片上仰面和俯面分别很清楚，两面分别有陶钉或陶环，背面饰有绳纹，青灰色。

西周瓦当。西周早期大型官室建筑已全部用瓦，同时也出现了瓦当。

西周建筑遗址瓦件，瓦分板瓦和筒瓦两种。

西周中晚期，陶瓦的使用扩展到全屋顶。从陕西扶风出土的西周晚期遗址中发现，这时的陶瓦一是数量多，遗址中留有大量的瓦片堆积；二是种类多，有板瓦、筒瓦、大板瓦，还出现了一种面饰绳纹充地黼黻纹小筒瓦和头带素面的半瓦当。陶瓦有大有小，形制不一。三是瓦面上饰有精致的花纹，有回曲纹、绳纹、蕭散纹等，呈青灰色，反映了周人已把陶瓦的使用和美观有意识地结合起来。

瓦的发明是在制陶工业进一步发展的条件下建筑材料的一个重大改革，也是中华文明发展的必然产物。陶瓦的出现，解决了房顶的防水问题，提高了人们抵抗自然灾害的能力，也促使中国建筑脱离了"茅茨土阶"的原始简陋状态而进入了比较高级的阶段。

周人造浮桥

西周初年，周人在渭水上架设一座浮桥，它是现知中国最早的浮桥，也是中国历史上记载最早的桥梁。《诗经》中记载周文王曾与亲族在渭水相聚，当时人将船只排列水上铺成一道桥梁，这就是三千年前西周人建造的浮桥。

周易本经形成

《周易》是一部有关古人卜筮的书籍，也称《易》，汉代人通称为《易经》，是中国儒家典籍，六经之一。"易"字，一说为"简易"之义；另一说为"变易"之义；而"周"字，有人说是指周代人的筮法，但又有人说是指周遍之易，即探求普遍的变易法则。汉代人所说的《周易》，包括经传两部分，传是对经的解释。

周易书影

关于《周易》的成书，过去传说伏羲画八卦，周文王将八卦推衍为六十四卦。现在大体认为《周易》是先民们和古代卜筮之官长期积累的卜筮记录，它成书约在周代初期。

《易经》的具体内容，是由八卦推衍为六十四卦的兆象符号（即卦图）部分和六十四卦卦名、卦辞，以及三百八十四爻和爻辞语言部分所组成。卦图的结构，是由称作阳爻的"——"和称作阴爻的"- -"这两个基本符号组成，三行一组排列而成八个"经卦"，即乾、坤、震、巽、坎、离、艮、兑。又由八个经卦两相重叠组合成六十四个"重卦"，如乾卦、坤卦、屯卦等等。这些卦象是占卜判断吉凶的主要依据，它们各有卦辞、爻辞加以说明。

卦辞和爻辞的内容大致有三类：一是讲自然现象的变化，二是讲人事的得失，三是判断吉凶的辞句。

《易经》虽属卜筮之书，笼罩着神学迷信，但在其神秘的形式中蕴含着一些合理而深刻的思维和观念。八卦的制作，原是自然界物质现象的概括和象征。现在认为易卦中的阳爻"——"和阴爻"- -"两种基本符号的最初含义是来源一、六、七、八等几个数字。中国历史上最早反映阴阳的观念，就是通过《易经》的卦爻表现出来的。八卦是象征着由阴阳构成宇宙物质世界的八种基本成分，而万物都是由它们所衍生出来的，由此可知《易经》中蕴涵了朴素唯物论和无神论世界观的萌芽。《易经》的六十四卦由三十二个对立卦组成，这反映了古人们从对自然与社会矛盾运动的长期观察中，萌生了对立统一的思想，体现了中国古代辩证法思想的萌芽，因而在中国哲学史上占有重要地位。

周人也使用龟卜

周代是中国古代社会发展史上的一个重要时期。周族原是中国西部黄土高原上的一个古老部落，以农业生产为主，始祖为稷，从稷开始，周人完成了从母系氏族社会到父系氏族社会的过渡，到公刘时建立宗庙并进入国家阶段。古公亶父时期，周族迁到岐山之下的周原，并在那里建造都邑宗庙和太社，设官分职，作为商王朝的一个诸侯国存在。从此，周人向商王进贡，受命从征服役，在与宗主国商王朝的交往中，接受了商朝先进文化的影响，并逐步认同了商人较高层次的文明。周人不仅向商进贡龟甲，而且学习商人的占卜术，

岐山西周甲骨文

使用龟甲进行占卜。

解放以来的大量考古材料表明，周人也使用龟卜。1954 年在山西洪洞县赵坊堆村发现一片带有刻辞的卜骨，刻辞八字，似当隶定为" 疗室疗王止双疾贞"，1955 至 1957 年间，陕西丰镐遗址出土的两片卜骨。兆旁极细的数目字是由阴爻和阳爻构成的"卦象"。另有 1975 年在北京北郊昌平县白浮村西周墓发现的许多卜骨卜甲残片上，也发现"贞"、"不出"、"其祀"、"其尚上下韦驭"的卜辞。卜甲背面凿有西周时代所流行的"方钻"，均有灼痕。刻辞字形甚小，接近商代晚期甲骨文的作风。

所出最多的是 1977 年在陕西岐山凤雏（周原）遗址的发现，仅一窖穴就出土甲骨 1.7 万多片，其中包括带字甲骨 289 片。1979 年又于同一遗址发现四百余片卜甲和卜骨，又清出带字卜甲 10 片。这二百九十八片有文字的卜甲，面积都很小，与现在通用的一分或二分硬币相仿，所刻字体，小如粟米，需五倍以上的放大镜，才能辨清，所刻文辞亦多残断，字数从一二字或三四字、十字左右到三十余字不等。卜辞体例同商代各期均不相同，辞序特点还未理出规律。

周代从公刘到古公亶父，其间经过九世。在古公亶父时代，据说因为受到北来狄人的压迫，遂迁到岐山脚下，历史上称为"周原"。这里土地肥沃，灌溉便利，是早周都城的所在地。周原甲骨，一般认为是灭商前后的遗物，即文王到成王或穆王时期。这批卜辞的时代，它的上限可早到先周，下限可到成王时代。周原卜辞中的"王"不是周王，而是商王帝辛。其内容：一类为与占卜有关的卜辞和记事刻辞，如"癸巳，彝文武帝乙宗，贞，王其刀□成唐，鼎祝及二女，其彝眔三、豚三、西有正。"指在帝乙宗占卜，贞向西方，即周

西周青铜龟纹盘，龟的形象生动可爱。

之故居是否安定无患。可能是文王拘商时所贞，后来又随同文王归周，置于周原。记事的如"衣王田至于帛，王隹田"，可能指文王在殷，同殷王（商王）一起在帛畋猎。另一类为记占筮时的"筮数"，或称卦象，如："五八七八七八"，刻辞由六个数目字组成，若以奇数为阳，偶数为阴，易卦阳爻为"——"，阴爻为"－－"，经卦为"☵"，离下坎上，别卦"未济"。

周代甲骨发现虽少，却记录了不少重要史实，商周王名，如成汤、太甲、文武丁、文武帝乙、周方伯等；职官，如太保、师氏等；重要人名，如毕公、箕子等；方国地名，如帛、蜀、巢、密、楚、黄河、洛水、镐等。此外还有关于历法的记载。

周代甲骨，特别是陕西周原甲骨的发现，引起了国内外学者极大的重视，它不仅证明了周人也使用龟卜的事实，证明了先周都城岐邑之所在，而且对研究商周关系、周与其他少数民族的关系，以及西周初期至中期的历史、地理、职官、历法等都提供了宝贵的资料。

周朝分封诸侯

西周分封诸侯，在武王时即已开始，但大规模分封是在成王及其子康王（名钊）的时期。据传周初所封有七十一国，其中与周王同为姬姓的占四十国。王季之兄太伯、仲雍的后人封于吴（今苏州），文王之弟虢仲、虢叔分别封于东虢（今荥阳东北）、西虢（今宝鸡东）；文王之子分别封于管（今郑州，早灭）、蔡（今上蔡西南）、郕（今汶上西北）、霍（今霍县西南）、卫（今淇县）、毛（今地未详）、聊（今荆门东南）、鄑（今成武东南）、雍（今修武西）、曹（今定陶西）、滕（今滕县西南）、毕（今咸阳西北）、原（今济源西北）、酆（今长安西北）、郇（今临猗西南）；武王之子分别封于邗、晋（始封在今翼城西）、应（今平顶山）、韩（今河津东北）；周公之子分别封于鲁（今曲阜）、凡（今辉县西南）、蒋（今固始西北）、邢（今邢台）、茅（今金乡西北）、胙（今延津北）、祭（今郑州东北）；召公之子则就封于燕（今北京）。此外，还有许多异姓诸侯国，如姜姓之齐（今临淄北）、子姓之宋等等。

康侯爵。康侯始封于康。

西周分封，是以宗法血缘关系为纽带，以周王室为中心的分封政治制度，从而建立起了周天子统辖下的地方行政系统。

周初所封诸侯，均由中央控制。成王之时，周公、召公是朝中最重要的大臣。自陕以西诸侯由召公管理，以东诸侯由周公管理（周公死于成王在位时，召公则活到康王的时代）。康王之世，周曾命诸侯对边远方国进行战争。成康时期，周朝最为强盛。

令彝

令彝传说于1929年在洛阳马坡出土，同铭的还有一尊。因作器者为矢令，故又称矢令彝。

盖、器铸相同，铭文127字，记述周公明保受王命到成周"尹三事四方"，管理百僚，作准备工作，以及到任后举行隆重祀典，继而任命百官及亡商诸侯，

并各赐亢师与令邕酒、金和小牛,于是作册令褒扬周公美德,用乍父丁宝尊彝。

铭文中关键是"周公子明保"为何人的问题,关涉到断代和对铭文内容的理解,一说为周公的小儿子,或周公的孙子,一说是鲁公伯禽。周同在《令彝考释中的几个问题》中分析判定为周公,说"子"是敬称,"周公"与"明保"实是同一人,也即为后文的"明公尹",可从则此器可定为成王初年,派周公管治新邑成周,给予他很大的权力,"罕卿事寮、罕诸尹,罕里君、罕百工、罕诸侯、侯、甸、男,舍四方命"。

此铭对研究西周初年成周的建设和发展具有重要价值。

师麮簋

西周中期夷王十一年(前859)九月初吉丁亥日,麮叔身着素服来到王宫,把师和父去世的消息恭告于周王。周王来到太室,南面即位,由宰琱生引导师麮进入太室,恭敬而立,聆听周王训诲。周王命尹氏宣读王对师麮的封命和赏赐。训诰册命内容是:师麮作为贵族子弟跟随先王求学,才思敏捷。勤奋好学。现在命师麮继承祖父原来的官职,作掌金奏鼓的"铸师"。并且赏赐他祭服等物,要他日夜谨慎奉事,切勿荒废王的政令。

师麮拜谢周王,称扬天子的美命,并铸尊簋祭祀父亲辅伯,愿他的子子孙孙万年永宝用。这就是师麮簋,簋铭记载了上述这件事的始末,为我们研究当时的许多历史文化现象提供了宝贵的资料。

师麮簋的盖和器都有铭,内容基本一致。师麮簋铭是较典型的册命体铭文,基本按照时间、地点、受册命者、册命辞、称扬辞、作器、祝愿辞的一般格式叙写,可见当时册命制度已逐渐形成了一套固定的典礼仪式,一般有关册命内容的青铜器铭文也严格按照典礼仪式的程序和约定俗成的记述格式来完成。

此铭中"在告先生小学汝,汝敏可事",根据《周礼·地官·师氏》所说:"以三德教国子,凡国之贵游子弟学焉"可知师麮可能就是周礼所说的"贵游子弟",说明西周时代贵族子弟普遍要求接受正规的教育,反映出贵族受教育在西周已成为一种制度。

大盂鼎

西周记载册命赏赐内容的大盂鼎

大盂鼎是迄今所见西周最大的青铜器，作器者为康王时大臣盂，此鼎在清道光（1821~1850）初年出土于陕西省歧山礼村，同出还有两鼎，其中包括小盂鼎，现仅存大盂鼎，并据小盂鼎定为周康王二十三年铸成。

大盂鼎铭文291字，内容酷似《商书·酒诰》，记载了二十三年九月，康王在宗周训诰盂。他追述文王接受天命，武王继承文王的事业，建立周邦，广有天下，长治民众。理政时，不敢耽乐于酒；祭礼时，不敢借酒肇事。所以天帝愿辅庇先王，遍有天下。他听说商朝之所以坠丧天命的原因是殷朝从远方的诸侯到朝廷的大小官员都耽湎于酒，以致靠控军队，丧尽民心。指出周立国的经验和殷失国的教训。继而康王说自己愿效法、禀承文王的政令和德行，令盂来辅佐他，要盂谐调纲纪，早晚入谏，认真祭祀，奔走于王事，敬畏天威。康王命盂效法盂的嫡祖南公，辅佐他主管军队，勤勉及时地处理狱讼案件，日夜辅佐他统治天下，以便能遵从善德而领受先王赐自上帝的人民和疆土。赐给盂祭神的香酒一卣，祭祀用的礼冠礼服、蔽膝、鞋履，以及车马；赐

大盂鼎铭文。成、康时代金文中，以书法成就而言，大盂鼎铭当居首位。

105

给盂嫡祖南公的旗帜，用以畋猎；赐给盂邦国的官员四名，人鬲至车御至步卒六百五十九名；赐给盂异族的王臣十三名，人鬲一各零五十名。他要盂不违弃他的诰诫。于是盂颂扬王的赏赐，并制作祭祀嫡祖南公的宝鼎。

铭文用了诰训体和册命体，其中记述了周王对盂的大量赏赐，特别是一千七百多名人鬲以及十几名官员王臣，是西周奴隶制社会的真实反映。

熊绎创业，楚国基础初步奠定

楚人的先祖、季连的苗裔鬻熊，曾臣服于文王，勤劳周王室，不幸早死。周成王（前1027）时，举拔有功于文王、武王者的后裔，因而封鬻熊曾孙熊绎于楚蛮之地，赐以子男之田，姓芈氏。熊绎居于丹阳（今湖北秭归东），与鲁公伯禽、卫康叔子牟、晋侯燮、齐太公之子吕伋等服事周成王。

楚国先君熊绎，最初居住于荆山（今湖北武当山东南、汉水西南），其地偏僻荒凉，满目榛莽、荆棘丛生。熊绎身穿破旧衣裳，驾着用荆竹编的柴车，与楚人一起辛勤开辟土地，奔波于镐京、楚地之间，为周王室效力。周天子祭天时，他负责守燎，还定期向周王室进贡楚国特产：桃木之弓、棘枝之箭，用于驱鬼除邪。楚国基础此时初步奠定。

何尊。西周时代文物，是西周初年第一件有纪年铭文的铜器，具有珍贵的历史价值。

昭王南征不返

西周初年，南方的楚臣服于周，并定期进贡祭祀用的"苞茅"。但是，周王视其为蛮夷之国，轻蔑待之。其后，楚人积极扩展势力，从而威胁到周王朝封在汉水以北诸侯的利益，周楚矛盾进而激化。成王以后，双方交战不息。昭王瑕继位后，他欲继承成康事业，继续扩大周的疆域，于昭王十六年（前985）亲率大军南征楚荆，经由唐（今湖北随县西北）、厉（今湖北随县北）、曾（今湖北随县）、夔（今湖北秭归东），直至江汉地区。南征共经三年，昭王班师渡过汉水时，相传当地人用以胶粘接的船乘载昭王，到中流船体分解，昭王溺死，军队也遭覆没，使周朝蒙受前所未有的挫折，周朝自此开始衰落。

何尊铭文证明史籍的可信性

何尊是西周早期第一件有纪年铭的铜器，是西周前期最重要的铜器之一。1965 年出土于陕西省宝鸡贾村塬。其铭文 122 字，述及周初重要史实，与成周（洛阳）的兴建有关，对研究西周初年的历史有很重要的意义。

铭文内容为周成王五年四月丙戌日，初迁成周福祭武王时，在京室（宗庙）训诰并赏赐宗小子何。成王追述文王接受天命，武王战胜大邑商后，

西周虢国贵族墓地的大型车马殉葬坑群。车马多寡是国力与身份地位的重要标志。

曾敬告于天，要建都于中央之地，在成周这里治理人民。现营建洛邑乃秉承先生遗志。成王还勉励宗小子何要象其父当时辅弼文王那样，夙夕奉公，辅佐王室。何得到三十朋贝的赏赐，用作父宝尊彝。

铭文在成王的诰辞中引了武王克商后告天的话："余其它兹中或（国），自之辥民。"说明武王灭商后就有建都洛阳一带的意图。《逸周书·度邑解》载，武王视察洛阳一带后说："自雒（洛）汭延于伊汭，居易无固，其有夏之居。我南望过于三涂，

西周素面胄

北望过于岳鄙，顾瞻过于河，宛瞻延于伊雒，无远天室。"提出了由雒汭到伊汭，适宜建都。周族地处周原西土，克商后要统治商族以及东方南方各国，营建洛邑是非常必要的。果然在武王死后不久，管叔和蔡叔就伙同殷王纣的儿子武庚禄父联合叛变，辽东诸侯、奄国、薄姑等也都响应。当时成王年幼，周公不得不亲自平定三监、东征灭奄等，重新巩固中央政权。

《何尊》的记载证明了史籍关于武王准备营建成周的意图的可信。

铭文末句"唯王五祀"向我们揭示了这样一个事实。《尚书·大传》说："周公摄政，一年救乱，二年伐殷，三年践奄，四年封卫侯，五年营成周"，与尊的纪年相符。过去学者们

西周薛师戟

西周蟠蛇纹剑鞘

根据《尚书·洛诰》中周公返政成王时，"惇宗将礼，称秩元祀"的记载，认为周公摄政时有元年，返政时又有成王元年，此处元祀即是元年之意。

《何尊》的出现，使我们辨清周公摄政时仍以成王来纪年，五年后成王亲政。

除上述重要的历史价值外，何尊还提供了一些意识形态的东西，它反映了文王、武王、成王都竭力宣扬天命，主张君权神授，直接为巩固统治进行舆论宣传。

何尊是研究西周初年历史的重要资料，可与《逸周书》中《度邑解》、《作雒解》以及《尚书》中《大传》、《雒诰》、《召论》等文互相参证、补充。

109

华夏文明的曙光

约 966~867B.C.

西周

前 10 世纪

周穆王（满）（昭王子）即位。

曾命司寇吕侯作《吕刑》，制定赎罪的法律。

穆王曾西击犬戎，并迁其部分族众至太原，又东攻徐戎。

周穆王、共王时所铸裘卫四器（即《卫簋》、《卫盉》、《五年卫鼎》、《九年卫鼎》均有铭文，记载裘卫领受天子的赏赐，与他人的土地纠纷，及以物交换土地、林场等史实。

传穆王曾周游天下，与西王母相见。

《穆天子传》六卷系战国时人根据穆王西行故事与西王母的神话传说，结合当时地理知识，少数民族情况等编撰成书。

周共王（共亦作恭，名伊扈，穆王子）即位。

共王时，史墙铸史墙盘，铭文歌颂文、武、成、康、昭、穆诸王业绩，并自叙家世。

周懿王（共王子）即位。

周孝王（辟方，共王弟）即位。

周孝王元年孝王使蜚子牧马汧、渭之间，马蕃息，乃封之于秦。

约前 9 世纪

周夷王（燮懿王子）即位。

950B.C.

犹太王大卫约死于是年，子所罗门继位（前 950 ？~前 935 ？）。

在所罗门时期，犹太达到最繁盛时代。

935B.C.

犹太王所罗门约死于是年。

北部独立，别立耶罗波木为王，成为独立的以色列王国。以色列国与犹太国之间常有战事发生。

犹太人开始有先知。

871B.C.

亚述王亚述拿西拔三世即位（前 884 ~前 859）。对东北方面和西北方面用兵，都取得胜利。

改进武器与军事编制，亚述复兴。

亚述军队用铁制武器，并有攻城战车等新武器。

穆王征犬戎·造父献八骏

穆王元年（前976），昭王之子穆王满继位，在位长达五十五年。他好大喜功，仍想向四方发展。穆王十二年（前966）曾因游牧民族戎狄不向周朝进贡，西征犬戎，获其五王，并把戎人迁到太原（今甘肃镇原一带）。

穆王好游行，致使朝政松弛。东方的徐国率九夷侵周，甚至西至河上。穆王南征，通过联合楚国的力量，才得以平定。

西周盠驹尊。铭文记器主在周王执驹时受赏。

造父是赵国的始祖。造父的先人以擅长养马驾车而著称，中衍曾为商王大戊驾过车。造父受宠于周穆王，因而精心挑选八匹毛色相配、力量整齐的骏马，加以调驯，名为"骅骝"、"绿耳"等，献给周穆王。穆王乘坐八骏马所驾之车，造父为驭，西行至西王母之邦，乐而忘返。

后世流行穆王西征的故事，如晋代汲冢出土战国竹简《穆天子传》所载，虽多不真实，但反映了当时穆王意欲周游天下，以及与西北各方国部落往来的情形。

班 簋

班簋是周穆王（一说成王）时期的青铜礼器，清代《西清古鉴》曾著录，原藏于故宫，后流散民间，1972年北京市文管处自废铜堆中拣出，铭文尚在。

铭文叙述：八月初吉甲戌在宗周，周王命毛伯继承虢成公的官位，保卫王位，制定四方准则，掌管繁、蜀、巢等三个地区。并赏赐毛伯旂和马勒。接着，周王命毛公（即毛伯，已继虢成公职，故称公）统率诸侯步兵车兵戋人征伐东国痛戎。还命令吴白（伯）、吕白（伯）率领军队，分别为左军、

西周班簋

右军配合毛父（指毛公）作战。而且申令，"率领你们的族人随毛父出征！征战中从左右两翼卫护中军毛父。三年平定东国，不许不成功，而有损天威，使天不助我。"毛公果平定痛戎，班师告捷于王。最后作器者班，即毛班，拜颔首，申明了自己的身份，是又王王姒的玄孙，毛叔郑的曾孙。讲其父无不怀念先人之德以为型仪，升为高官，建立功业，没人能与他竞比，说自己不敢有所企求，愿为昭考及姒作此簋，子子孙孙永宝。

根据班簋再结合文献，可知毛班当是穆王时重要军事将领。穆王时代对东国痛戎发动战事，文献无载，班簋正好补文献的不足。

静 簋

西周穆王时期，某年六月初吉丁卯，周王命令静主司学官学射的事。学宫在辟雍即大学，是西周时代培养贵族子弟和官员学习的学府。静教习的学生是小子（贵族子弟）等。八月初吉庚寅日，周王与众臣以及邦周同到辟雍的灵沼举行射事，顺便督察静的教射情况。周王看到静教射无误，便赏赐他一把连鞘带缦的刀，以示奖勉。静拜谢周王，褒扬王的美命。

事后，静铸了祭祀文母外姞的尊簋，铭记载了教射受赏之事。愿子子孙孙万年宝用。这就是目前所见的静簋。从静簋中可见当时的教育制度。学射是贵族子弟及部分官员必须掌握的技能，周王亲自安排教官教射，还要检察督促，情况良好，会因功受赏。《周礼·地官·保氏》列举了周代用来教育贵族子弟的"六艺"：礼、乐、射、驭、书、数中，射就是其中一项。

静簋铭文。西周中期金文书法艺术的代表作。

静铭中涉及到的人物能联系其他几件器物共同考察。静簋为我们提供了研究西周早期教育制度的一份重要资料。

西周新型土地制度井田制普及

　　井田制是由原始氏族公社土地公有制发展演变而来的一种土地制度，据《孟子》等古代文献记载，它存在于西周以前的一个相当长的历史时期，但直到西周才臻于完善，这一制度因耕地划作井字形块状而得名，其特点是实际耕作者对土地无所有权，而只有使用权。

　　甲骨文中田字作田田等形，被认为是井形块状耕地的证据，可见井田制的久远。西周时，每长、宽各一里（周里）的土地称一井，每井计有土地900亩，8家农户耕种其间，中间百亩为公田，8家合种其中一部分为公用菜地、住宅地等。其余800亩每户各分种100亩，这就是《孟子》中所载的八家共井说。而《周礼》

西周时代的汲水具

则以九夫为井，方一里为一井，方十里为"成"，即百井；方百里为"同"，即一万井；构成井田体系。因而井田制大致可分为两个系统：八家为井而有公田与九夫为井而无公田。

　　在井田制下，凡遇须休耕轮种的土地，或土地质量相差悬殊，可据情调整各农户土地分配数额，甚至有时土地在一定范围内实行定期平均分配。成年农民，按一夫百亩的标准受田，至老死归田，对土地只有使用权，因此田地不能买卖。

井田制下劳动者的经济负担除田地税以外，还有赋。田地税不仅要缴纳地产实物，还要向领主以耕种公田的形式提供劳役地租。赋是军赋，军队的装备连同士兵的服役合在一起的统称，它既有一部分以劳役支付，又有一部分以实物支付，因此井田制下受田的夫，也就是战争服兵役的丁壮，作战所用的器械、粮食、草料、牲畜，也由国家按井数来规定。

由于对夏、商、周三代的社会性质认识各异，因而对井田制所属性质的认识也不相同，有的认为是奴隶制度下的土地国有制，有的认为是封建制度下的土地领主制等，虽众说纷纭，但在承认井田组织内部具有公有向私有过渡的特征，其存在是以土地一定程度上的公有作为前提这一点上则认识基本一致。

西周中期，土地在长期占有的情况下很容易转化为个人私有，贵族之间已出现土地交易现象，土地的个人私有制至少在贵族之间已经出现。春秋时期，晋国的"作爰田"，鲁国的"初税亩"等，也都是在事实上承认土地个人私有制普遍存在的情况下进行的改革，说明井田制逐渐趋于瓦解，前350年商鞅变法，废井田，标志井田制的崩溃。但是这种均分共耕之法对后世的影响却极为深远。

裘卫家族买卖田地·井田制走向崩溃

裘卫家族活动于周穆王到宣王时期，铸有大量的青铜器。可能是西周末年戎狄乱中原时，这个家族仓皇东迁，无法带走这些重器，挖窖深藏，后来无人知晓，便长期沉埋于地下。1975年2月，陕西岐山南麓董家村的村民耕地时，无意间发掘了这批裘卫家族青铜器，使其重现于世。

这批青铜器共37件，绝大多数都有铭文，最长篇达307字，它们记载了这个家族从穆王至宣王100多年中的活动历史，内容极其丰富，涉及到政治、经济、法律、人际关系、田地制度、工商买卖等诸多方面，为我们提供了极为宝贵的西周社会状况的第一手资料。其中裘卫三器：三年卫　、五年卫鼎、

卫簋铭文记载周王对裘卫的赏赐

九年卫鼎，记载了买卖田土的经过，透露出井田制崩溃的信息，可以推定，至少到周共王时期，那种"田里不鬻"的情况已经改变。

周有"司裘"之官，掌管"攻皮之工"，裘卫是周王朝主司加工裘皮手工业的官员，以裘为姓，卫为名。《三年卫盉》载：周共王三年，裘卫以瑾璋，价值八十朋，换矩伯十田，以两个价值二十朋的其他物品换矩伯三田。伯邑父、英伯、定伯、京伯、单伯五位执政大臣主持田地移交命令三有司（司徒、司马、司工），付与裘卫田。这个资料甚为重要。西周时代田地为国家所有，"普天之下，莫非王土"，国家分配公田，按户授民，或按王命赐给臣民，但均须登记付税。授田的制度出现在西周铜器铭文中，是对经籍所载的有力佐证，矩伯和裘卫之间的土地更动，须经官方同意，在正式的程序下，如上报五位执政大臣，这五位大臣又命三司主持授田，很是慎重。

《五祀卫鼎》载：周共王五年，裘卫向井伯、伯邑父、定伯、京伯、伯俗父五位执政大臣控告邦君厉。说为执行矨关心人民劳苦的命令，在昭大室东北方治理三条河川，愿拿出五百亩来与厉交换。官员们遂询问厉是否同意交换田亩。厉表示同意，五位执政大臣便要求厉起誓，然后命三有司来勘定裘卫应得的田界，即厉的四百亩田。厉还给出邑中的部分屋宇。这样裘卫所得的田，北边和西边与厉田交界，东边和散田交界，南边和散田及政父田交界。

铭文中记载了通过官方交换田亩，官方勘定田亩，又详记田界，有极高的史料价值。

《九年卫鼎》载裘卫以车辆、绢帛、马匹等物交换矩伯的一个"里"。

裘卫三器关于田地交换的铭文为我们提供了土地交换的价格，即

1件玉璋 = 80 朋 = 10 田

四百亩 + 部分邑中屋宇 = 五百亩

1辆车 + 二（或三）匹帛 = 一里

可见当时实物和货币都可充当一般等价物在交换中使用。土地用来交换或转让，是奴隶主土地国有制遭到破坏和土地开始私有化的重要标志，裘卫家族青铜器铭文中土地关系的记载为研究西周的土地制度提供了重要的资料。

曶 鼎

曶鼎拓本分未剔字和剔字两种，据剔字本，铭共409字，内有重文十字，其中被锈掩的31字，存278字。由于部分字被锈渤，使有些字句靠以通读，虽经学者按义增补，但仍难恢复原貌。因文中有"穆王大室"，年代肯定在穆王之后，郭沫若断孝王，《商周青铜器铭文选》定为懿王。

铭文可分三段，第一段叙讲元年六月既望乙亥日，王在祭祀穆王的宗庙大室，命曶承继祖父、父亲主管占卜的职务并赏赐地，要他努力奉行职事。邢叔也在遒地王的行宫赏赐曶。曶用来制作祭享父穿伯的牛鼎，并愿万年永用祭祖，子子孙孙永宝受。属册命体例。

曶鼎铭文。铭文内容极其丰富，其中有关奴隶买卖事，是研究西周社会性质的重要的资料。

117

第二段记述四月既生霸丁酉日，曶派人向井叔讼告限，说曶已用一匹马，一束丝向限从效那里赎买了五个奴隶，而限违约，限推说家臣得了束丝，自己得了马，契约未完全成立。效父也做了陈诉。曶的使者要求在王三门官署另订交换条件，用鵰百锊赎换这五个奴隶，如对方不交出，就犯了不守信约之罪，并说其家臣遭不守信用及破坏百锊之金议定价两种罪名。井叔最后判决，说在三门立约行事完全合法，令限将五个奴隶交给曶，曶于是拜谢井叔，接受了这五个奴隶，并将百锊之金交与限的家臣，后者备酒羊丝及三锊以示谢罪。

说愿意从命。这便是著名的"匹马束丝"买卖奴隶的交易，郭氏据以判定西周是典型的奴隶制社会。

第三段叙述先前饥荒的年头，匡的农夫和家臣二十人劫掠了曶的十秭禾。曶将匡季告到东宫处，东宫裁断，要匡季追查抢禾的人，如查不到，将重罚匡季。匡季于是向曶叩首谢罪，交出五田和四个奴隶作为赔偿，并说没办法交齐抢禾的人和抢走的禾，若有欺诈，愿受鞭刑。曶又向东宫控告匡季，要他一定要赔偿禾。东宫命匡季赔偿曶十秭禾，加十秭共二十秭，如来年不偿还则付四十秭。匡季又付曶两田，加一个奴隶，前后共付曶七田，五奴。曶便减免罚匡季三十秭禾。这样发生的纠纷总算得以解决。

曶鼎铭中记载了曶与效父为五名奴隶的前后两次买卖的讼事和判决，以及匡季因奴众抢曶的禾受到曶的控诰，两次出金、出奴总算换到再交十秭禾的判决。它涉及了西周社会法律及经常制度及国家实质等重要史料，是不可多得的西周重器，具有极重要的史学价值。

秦封为附庸

孝王十五年（前872），秦被封为附庸之国，号秦嬴，为秦国始祖。

周孝王（前885～870）时，秦人先祖居于犬丘（今天水），首领为非子。

秦人善于养马及其它牲畜。周孝王闻悉，将非召到汧水与渭水之间（今陕西扶风和眉县一带），使之为王室养马。马果然养得好，繁殖得多，为奖励非子，孝王想让他作大骆的嫡嗣。但是，申侯之女是大骆之妻，已经生子，并立为嫡嗣。由于申与大骆联姻，西戎各部都服从周王室。因此，申侯反对

立非子为嫡嗣，并向孝王陈述利害关系。孝王听后改变主意，于孝王十五年（前872）封秦为附庸之国，让他在"秦"建造城邑。孝王对非子说："古时伯益为舜驯服鸟兽，成绩卓著，被赐以嬴姓和封土。你们作为他的后代，也为我养马，就承继嬴氏的宗祀吧。"从此，秦嬴成为其正式国号，为秦国始祖。

墙盘铭文。铭文字体是当时的标准字体，可做为西周中晚期书体风格的典型代表。

墙盘铭文为西周最长的铭刻文字

　　墙盘是1976年陕西扶风庄白村出土的微氏家族铜器群中最重要的一件。作器者是担任史官的微氏家族中名墙的，故名墙盘，或史墙盘。

　　其铭284字，前半颂扬周王朝诸先王和当代天子的功德，后半叙述微氏家族的发展历史，颂扬祖先功德，祈求先祖庇佑，是典型的追孝式铭文。墙盘铭文首先追述了列王的事迹，文王初时以安定和协为目标治理政事，得周民的普遍拥护，上帝降赐给文王美德和安定，使他广有天下臣民，合受万邦朝贺。强有力的武王，统治天下，打击了殷商，才俊之士不再忧虑，夷人和东国皆臣服于周，称善武王的功德。敏达圣睿的成王，左右有各级刚强梗直的大臣，依靠他们治理周邦。恭敬明智的康王，治理广大的疆域，伟大强壮的昭王，远征南方，打击楚荆。神明庄敬的穆王遵循先王的远大谋略。天子踵武先王，更享太平，天子继承文武影响久远的功德，能够长久消灾，安抚上下神祇，速察狱，明谋略，好象昊天的光辉降临臣民。上帝、后稷，匡正和保佑天子，得以宽命厚福丰年，各方蛮族无不来朝见。铭文接着叙述自己祖先的功劳，高祖居住在微国，在武王伐灭殷纣后，微氏高祖使其子烈祖来朝觐武王，武王命周公安排他在周国定居。乙祖辅助和配合君王，筹划远谋，同心同德，成为周心腹之臣。贤明的亚祖辛，养育子孙，家门鼎盛，多福多寿。

119

记载西周重要历史的墙盘

闲雅的文考乙公，刚强爽明，德行修美，无可指摘，故能受天子的采邑，治理农事，播种收获，以孝友为自己的道德准则。墙日夜辛劳，注意积善，不敢废止，得到王的嘉美，和烈祖的嘉许，使墙受美好的福祉，消灾有福，老当益壮，能尽心服事君王。愿子孙万年永宝。

墙盘铭历数周代文武成康昭穆各王，又叙当世天子，再从器形、字体等多方面考察，可定是共王时器。因此墙盘的发现，增加了一件共王时期的标准器，而白家村窖藏的史墙一家几代的器物，也可以墙盘为基准，系联起来，为西周青铜器分期树立一个难得的标尺。这在青铜器研究以及西周考古上意义重大。

墙盘是研究微氏家族最重要的铜器。从铭中可知微氏家族在周代以来的世次，即高祖甲微、烈祖、乙祖、亚祖祖辛、文考乙公、史墙。从微氏家庭的发展史中，可看出周王朝对殷商遗民的采取接纳的政策，而且只要忠诚有功便可步步升迁的史实。微氏家族自武王时受封居于岐邑周原，历任周朝史官，这一点对我们进一步认识周原遗址的性质，理解它在西周历史上的重要地位，很有启示。

后宫制度和宦官制度全面建立

后宫制度，是中国古代帝王的内职机构和组织形式，主要由后妃、女官、内侍、宫省等制度构成。

自夏朝开始，中国历史上"家天下"的局面已形成。随着王位传子的继承制，尤其是形成和确立嫡子继承制，等级分明、身份有别的后妃嫡庶制度

120

西周攸簋

也随之建立起来。到周朝时，传说开始制定正后、三夫人、九嫔、二十七世妇、八十一御妻，共 121 人的后妃制度。这个制度是否实行过，目前尚难有定论。但从西周至战国所出现的后、妃、夫人、嫔、世妇、女御、姬、八子、女史等后宫名号看，后宫嫡庶制度是十分严格的。秦灭六国后，规定"帝母称皇太后，祖母称太皇太后，嫡称皇后，妾皆称夫人"。古代帝王所以设那么多的后妃，原因是中国古代社会以男子血统为中心，以对女性占有的多少来显示其特权的大小，帝王至高无上的权威也表现在对女性的大量占有上。除后妃外，后宫制度中还有其它人员，一是女官，因按传统规定，皇帝治理国事，为"天下之父"；皇后治理内事，为天下之母。为了使皇后能"母仪天下"，设置一些官属辅助皇后治理内事，也是增强皇家威仪的一种措施；二是内侍，是皇帝及后妃的侍奉官，专门为君主和后妃的生活服务；三是宫省，宫省是皇宫的建筑形式，统治者建筑宫省的本义是崇宫室以威四海。

宦官制度是皇宫中专用宦官侍奉帝王及其家族的制度。

西周燕侯盾饰

玉人。甘肃省灵台西周墓出土。似我国西南少数民族的形象。头顶上有蛇盘状的发髻，其首作虎形。玉人形象与以虎、蛇为神的巴族有关。因此这件玉雕人像是被俘的少数民族奴隶的形象，作为随葬的俑，含有献祭的意思。

宦官是指经过阉割，失去正常性能力后进入皇宫侍奉皇帝及其家族的男性官员。宦官制度建立于周代，《周礼》中对带有各种职衔的宦官的人数、职掌已有明确的记载。这时宦官人数不多，是家臣的一部分，主要负担看守宫门、传达命令、侍奉起居等杂役，地位低贱。但由于宦官常侍君侧，容易得到君王的宠信，甚至参与政治。秦汉时，随着君主专制制度的加强，对宦官的任使已越出宫内范围，正式进入政治领域。如秦朝宦官赵高任中丞相，势力足以总揽朝政，策动废立。但从制度上来说，宦官仍属少府，要受大臣的监督。东汉以后，内官职属全部由宦官担任，宦官可与廷臣同享俸禄、食邑、食租。从此宦官正式有了自己的权力体系，成为一种特殊的、干预国家政治的势力。"宦官"一词亦正式见于《后汉书》。

宦官的来源不一，有自宫、有因罪被宫、进贡、拐卖、挑选后被强行阉制而成等。史书上对宦官称谓很多，如以曾经阉割称为阉宦、刑臣，以任职宫中称为内侍、中宫，以官职称为军容、太监，以服饰称为貂珰，尊之称公公，贬之称宦孽等。

后宫制度和宦官制度，作为君主专制制度的一部分在中国存在了4000多年，与中国传统的政治奠基密切相关。它集中体现了君主的特权，同时也具有极大的腐朽性和残酷性。

华夏文明的曙光

周人划分月相

西周铭文除初期尚有少量沿用商代记干支于铭首、记月祀于铭末之外，大量的则是按年、月、日的顺序纪于铭首，而且多有"初吉"、"既生霸"、"既望"、"既死霸"这类一月四分记时法。

分一月为四分月相，是西周时代特有记时法，每一月相分配七、八日为一周，视大小月再定。即从月牙初露到月亮半圆叫"初吉"，从月亮半圆到满圆叫"既生霸（魄）"，从月亮满圆到半圆叫"既望"，从月亮半圆到无光叫"既死霸"。王国维还把这四段的第一天分别叫做"胐"（相当于初三），"哉生魄"（霸，相当于初八），"望"（相当于十六），"哉死魄"（霸，相当于二十三），称为月相四分法，比商代的历法更为精细。

有人认为初吉是与既生霸等月相称呼不同的另外一种日称，也不是"初干吉日"。"初吉干支日"是周人择出的"吉宜干支日"，初者是"大吉"的意思。但大多倾向月相四分法。

《保卣》铭末记："才（在）二月既坒（望）。"《庚嬴鼎》铭首记："隹廿（二十）又二年四月既望己酉……"，《宰鼎》

西周蚌雕人头像

铭首记："隹九月既生霸辛酉……"，《令簋》铭首记："隹王于伐楚白（伯），才炎，隹九月既死霸丁丑……"，《召卣》铭首记："隹十又二月初吉丁卯……"，是周人划分月相的例证。

还有一种月相定点说：以为古人把月球受光时叫生魄（霸），背光时叫死魄（霸），定每月初一为"朔"，"朔"的前一日叫"晦"。因此以日月交会为吉日，把朔又叫"初吉"或"既死魄"，朔后的一天则"旁死魄"，再后一天月亮始生，叫"哉生魄"，又叫"月出"，即初三日。十五月圆叫"望"，又叫"既生魄"。

周人划分月相的实况仍未考定，存在异说，有待进一步的研究，但仅从这么多月相的名称就知周人在历法上较之商代的初分一年十二月或十三月已是一大进步。从后一种月相定点说可知，最迟在西周晚期，人们根据长期经验的积累，已能较准确的测知晦（月末）逆（月初），于是月相分说又被更为精细的干日三分法所取代，即"朔""望""晦"。

约 866~771B.C.

西周

841B.C. 共和元年

周"国人"起义,攻王宫。厉王奔彘。由周公、召公共行政事;此年史称"共和"元年,系我国历史确切纪年之始。

828B.C. 共和十四年

周厉王死于彘。太子静即位,是为周宣王,"共和"行政结束。

822B.C. 周宣王六年

宣王命秦仲伐西戎,秦仲为西戎所杀。

782B.C. 周宣王四十六年

宣王死,子幽王宫涅立。宣王时"内修政事,外攘夷狄,复文武之境土",史称宣王中兴。

宣王时所铸毛公鼎铭文 497 字,为现存铭文最长的青铜器。

779B.C. 周幽王三年

幽王纳褒姒,有宠。废申后和太子宜臼,立褒姒子伯服为太子。褒姒不肯笑,幽王举烽火,招诸侯入援,以博其笑。

776B.C. 周幽王六年

《诗·小雅·十月之交》是我国古书中"朔日"两字的最早出现,也是明确记载日期(十月初一)的最早一次日食。又"彼月而食,则维其常",系世界上最早的月食记录。

774B.C. 周幽王八年

郑桓公为周司徒,知周将亡,言于王,迁其民于雒东,虢、桧献十邑以居之,号曰新郑(今河南新郑)。

771B.C. 周幽王十一年

申侯(宜臼外祖父)联合缯、犬戎攻破镐京,犬戎杀幽王、郑桓公,掳褒姒而去。诸侯拥立宜臼,是为平王。西周结束。

800B.C.

印度从前 800 ~ 前 550 年是后吠陀时期。

在此时期,亚利安人势力扩张至北印、中印之大部。此时社会阶级出现,分为婆罗门(僧侣)、刹帝利(贵族、武士)、吠舍(农、工、商)、首陀罗(被压迫的贫民),号称四种姓,服饰各别,都是世袭。

776B.C.

希腊奥林匹克亚赛会相传始于是年,希腊人以是年为自己的历史年代之开始。

厉王止谤·国人暴动

前858年，周厉王继位。他在位期间，灾荒频繁，庄稼枯萎，民不聊生，贵族们却依然沉湎于酒色。

前844年，为了聚敛更多的财富以供挥霍，厉王任用虢公长父和荣夷公实行"专利"：强行宣布山林川泽为王有，不许平民入内樵采渔猎。从而触犯了社会各阶层的利益，怨言四起。厉王又拒绝接受芮良夫的忠告，提拔荣夷公为卿士，继续实行专利。于是举国怨怒，街头巷尾，到处都有人发泄不满。厉王从卫国找来巫师，让他用巫术监视发表"谤言"的怨恨者，并告谕国中，有私议朝政者，杀无赦。卫巫假托神灵，肆意陷害无辜，不少人死于非命。于是，人们不敢再在公开场合言语，路途相见也只能以目示意。厉王认为他已消除民人诽谤。召穆公认为："防民之口，甚于防川"，一旦决口就无法收拾。他主张广开言路，让上至公卿大夫，下至百工庶人的各种人士都有发表意见的机会。厉王充耳不闻，一意孤行。不到三年；广大国人实在无法忍受下去了，终于爆发了我国历史上第一次国人暴动。

亻朕匜

周厉王时亻朕匜的铭文是一篇我国最早的制决书，是我国法律史上的一篇重要文献。

亻朕匜于1975年2月出土于陕西岐山董家村，与著名的裘卫诸器同出一窖藏。铭文叙述了一场诉讼案件的始末，铭文大意为：某年三月既死霸甲申日，周王在荼京的上宫，跟随周王的伯扬父在那里定下了判决词。

伯扬父谴责牧牛说："牧牛！你该受重惩。你竟敢与你的上司争夺财产，对他进行诬告。你违背了先前的誓言，誓约在先，这次必须执行。你应去啬

126

与儺修和，交还那五个奴隶。你既已遵从了判词，实行了誓约。现在我赦免你，该鞭打你一千下，给你施墨刑。现在我大赦你，对你施以鞭刑五百下，并罚你铜三百锊。"伯扬父又命牧牛立誓说："从今以后，我岂敢以大事小事来扰乱你？"伯扬父最后告诫说："你的上司如再来控告你，就要对你处以鞭刑及墨刑。"牧牛立了誓。于

儺匜

是把这次判审告知官吏觥和曶，结了案。牧牛的案子和誓约都定下来，罚了铜。儺用它来作宗旅用 。

　　这次案件处理，是依据奴隶制的刑典判决的，牵涉了原告师儺、被告牧牛、司法长官伯扬父，参加听断的司盟机构官觥和曶，人员齐备；涉及的刑罚有

西周兽面纹辖饰。古代车上辖部的装饰，呈圆筒状，上端封闭，呈圆顶，中空，套住辖的顶部。此器形制较小，但在装饰方面却是别具匠心。

鞭刑、墨刑以及罚金，适合对牧牛这种人的身份和地位的有关规定；判词从定性、量刑、赦宥到定刑有一定格式；诉讼从判决、立誓到报告有关官吏到结案等，过程完整清楚，铭文还清楚说明了西周狱讼中的盟誓制度。从被告与原告的关系上我们可以知道当时法律的性质，即维护上司或主人的利益，对下属或妇仆则反复警告并加以惩戒。

《儺匜》这篇完整的诉讼判决书，作为关于西周法制完整的第一手资料，比史籍追记的事件更为可靠，是研究西周法制史的一件极重要的文献。

周召共和

厉王在位期间，西周各种社会矛盾趋于激化，终于达到爆发的境地。

前841年，国人大规模暴动，厉王被迫出逃到彘（今山西霍县）。太子静藏在召穆公家中，国人闻而围之，召公以自己的儿子代之，太子得以脱险。厉王逃亡在彘，朝中由召公（召穆公虎）、周公（周定公）共同执政处理国事，号为"共和"（一说由诸侯共伯和摄行政事）。共和元年，即前841年，是我国现存史料中有确切纪年的开始。

共和十四年（828年），周厉王死于彘。次年，太子静即位，是为周宣王，共和时代结束。

宣王中兴

公元前827年，周宣王继位后，为了消除厉王暴虐政治的影响，缓和国内外不安定局面，采取了一系列的步骤和措施。对内，首先是改革政治，以周公、召公二相为辅，又任用尹吉甫、仲山甫等贤臣修政，效法文王、武王、成王、康王的遗风。同时，宣布"不藉千亩"。宣王之前，每年春耕时节，天子都要举行藉田礼，到宣王时，先前集体耕种公田之法已难以继续，耕田礼名存实亡，于是宣王宣布废除此藉（没收）田典礼。这一措施对照厉王时期的专利政策，显然具有表示放宽对山林川泽的控制之意义。

华夏文明的曙光

对外方面，周宣王即位后，针对猃狁不断侵扰，掠夺财物，杀害人民这一严重情况，周宣王一方面派南仲驻兵朔方，加强防守力量，同时又派尹吉甫领兵北伐，追至太原（泛指陕北、晋北一带的黄土高原），猃狁兵败北逃，其他戎狄部落也复臣服于周。宣王在战胜猃狁之后，又派方叔带兵南征荆楚，也取得一些胜利。派尹吉甫用武力压服南淮夷进献贡物，暂时控制了东南地区，恢复了对南方的影响。在宗周以南，以秦仲为大夫，命他西征西戎，结果为西戎所杀，又召秦仲之子庄公兄弟五人，带兵7000人，再伐西戎，结果取得胜利。

周宣王这一系列措施及行动，大大提高了王室的威信，遂使周势复振，诸侯又重新来朝。后来的史家称之为"宣王中兴"。然而，周王室日衰及诸侯日强之总趋势已不可避免，中兴现象只能是暂时的。到后来，除战胜一次申戎外，伐太原戎、条戎和奔戎，都遭到失败。特别是在宣王三十九年（前789）伐姜氏之戎，大败于千亩（山西介休县南），他调去的"南国之师"全军覆没。这表明周朝的实力已趋于空虚。

散氏盘

散氏盘因铭文中的主要人物散氏而得名，也因作器者为矢人而名矢人盘。这是现存较早的土地交易和测量的契约，记录了西周时代一件交易行为，为了解当时的社会生活方式提供了有趣的第一手材料。

根据铭文记载，一个叫作矢的领主与叫作散的领主交换田地，派人到散国进行测量，在各个地界作了标志，当时参加测量的双方人员及邻邑证人有二十几个人。

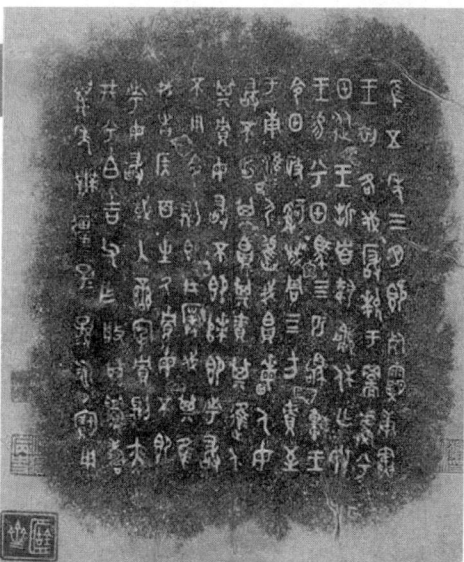

散氏盘铭文。散氏盘亦名矢人盘，是西周晚期著名重器，制作年代约为厉王时期。盘内底部刻长篇铭文，总计三百五十七字。铭文字迹草率，字形扁平，体势欹侧，显得奇古生动，已开"草篆"之端。

散氏盘

测量结束后的当年九月，矢人派了四个人到散国，与散国的两个官员立定誓约，矢国交付农业工具为代价，散国交付地图，交易完成。

这种封建领主之间的实物交易在西周时代属于什么性质，代表了什么样的经济性质，是个仍在讨论中的问题。这样的契约在西周时代的文物中并不常见，所以散氏盘显得特别重要。在青铜器的鼎盛时代，把重要文献铸成文字置于器皿上，显示了当事人对这件事的重视。

兮甲盘

兮甲盘，又名兮田盘，兮伯盘，兮伯吉甫盘，伯吉父盘，发现于宋代，具体时间、地点不详，元代李顺父"家人折其足，用为饼槃"，遭到损坏。清代由陈介祺珍藏，始有铭文拓本流传于世。

其腹内底铸铭13行133字，大意为：周宣王五年三月既死霸庚寅日，宣王开始到𤳖一带击伐狁狁。兮甲跟随宣王出征，有所斩获，很好，没有伤痛，王赏赐兮甲马四区和驹车。王命令兮甲征收天下贡于成周的赋税，范围到达南淮夷地区。淮夷从来是向周朝贡纳的臣民，不敢不提供丝

兮甲盘铭文

帛、粮草和劳役，不准不向司市的官舍办理货物存放和陈列市肆的手续，缴纳关市中的赋税。如敢不执行命令，就施以刑罚，进行征伐。诸侯百姓的货物也不能不就市纳税，如果妄想进行非法贸易，也同样处以刑罚。兮伯吉父（指兮甲）制作这个盘，希望长寿万年无疆，子孙永久珍爱使用。

俴簋

　　铭文记载了周王朝伐狎狁，规定征收南淮夷的贡纳、贸易赋税，为研究西周时期周王朝与狎狁、南淮夷等部族的关系提供了珍贵的材料。周王朝为纳贡、征税规定了刑法，违者施刑，可见当时实有不交贡和不付税的现象，商贾贸易也较混乱，不得不动用刑罚，甚至动干戈去征讨。《兮甲盘》铭亦是研究西周经济、赋税、商业等制度的重要文献。

虢季子白盘

　　虢为周文王弟的封国。虢仲封西虢，在今陕西宝鸡，虢叔封东虢，在今河南荥阳（一说正相反）。另有北虢，一说西虢之一部，一说东虢之所分，在今河南陕县。虢季是虢之氏称，而不是行辈，因虢仲、虢叔是王季之穆，所以虢氏亦称虢季氏，省称虢季，有

虢季子白盘

131

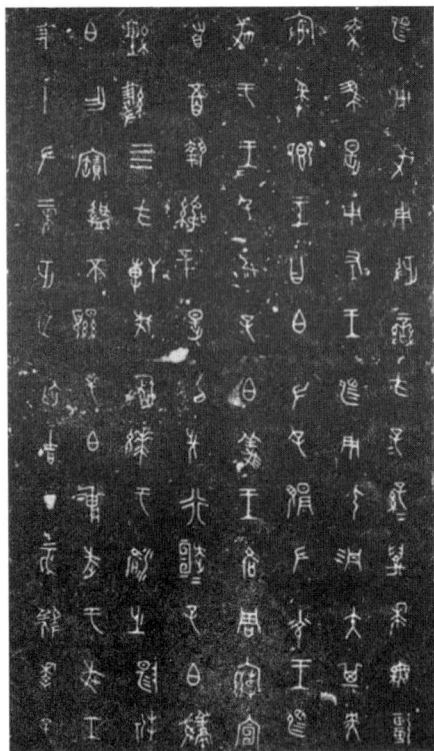

虢季子白盘铭文

虢季子段鬲铭和虢季子白盘铭为证。

虢季子白盘是目前所见商周青铜水器中最大的器物，约在清道光年间，出土于陕西宝鸡虢川司附近，初时为一农民掘出，当作饮马槽。几经辗转于1950年由刘肃曾献给政府，现藏于北京历史博物馆。

此盘铭文111字，开首便标明作器时间为宣王十二年正月初吉丁亥，作器者虢季子白。接着以古雅而错落有致的韵文记述子白能征善战，有安邦治国的才能。受王命参加征伐西北狁的战争，在北洛水之东，斩杀五百人，俘虏五十人，战功居于军列之先。威武的子白，把歼灭的敌人截其左耳告献于宣王。王嘉奖了子白的战功，并到周庙宣榭，王说："白父，你战绩赫赫，声名荣耀。"并赐子白车乘、战马，用来辅佐宣王，赐子白弓矢、斧钺，用来征伐蛮族。子白为此铸盘纪念，愿子子孙孙，万年无疆。

此铭记载了宣王时征伐狁的战事，是研究西周晚期政治、军事及与北方少数民族关系的重要材料，提到战争在"洛之阳"展开，因此对研究西北历史地理亦具有重要价值。此铭几乎全篇用韵，从现在的语音来考察，其中尚有盘、方、阳、行、王、飨、光、央、疆等押韵，白、百、戌等押韵，可以与《诗经》相媲美，它提供了研究当时语音状况的宝贵资料。

毛公鼎

西周晚期的毛公鼎是金文的经典名作。毛公鼎因作者毛公而得名，铭文铸在鼎上，有32行，共499字，是现存青铜器铭文中较长的一篇。

全文首先追述周代国君君主文王武王的丰功伟绩，感叹现时的不安宁，接着叙述宣王册命毛公，委任他管理内外事务，拥有宣布王命的大权。宣王一再教导毛王要勤政爱民，修身养德，并赐给他以一些器物以示鼓励。毛公将此事铸于

毛公鼎铭文

毛公鼎

鼎上，以资纪念和流传后世。

这是一篇典型的西周册命铭文，但不拘泥于传统的册命体例，全铭文以"王若曰"开始，基本引述王的册命话语，分段处以"王曰"隔开。全铭文辞精妙而完整，古奥艰深，是西周散文的代表作，例如文章的第一段：

王若曰："父歆，丕显文武，皇天引厌厥德，配我有周，膺受大命，率怀不廷

方亡不觌于文武耿光。唯天将集厥命，亦唯先正略乂厥辟，恪谨大命，肆皇天亡斁，临保我有周，丕巩先王配命，畏天疾威，司余小子弗伋，邦将曷吉？迹迹四方，大从丕静。呜呼！惧余小子溷湛于艰，永巩先王。"

传 遽

西周夔纹禁。禁在青铜器中罕见，已发表者以此最为巨大。

西周时期，青铜器进入鼎盛时期，在青铜器上铸造或刻凿铭文的风气也很流行，曾有人在一个四足的青铜酒器——盉表面，铸造如下铭文："徙遽麃作父已"。这里的"麃"指的是周王的御仆，"徙遽"则指急速往来传递信息。整句铭文的意思是指周王身边的御臣为传达周王的旨意而不辞辛苦，长途奔波。反映了当时皇上旨意的传达方式。

西周青铜器及金文鼎盛

青铜器早在夏朝就已出现，经过商代的发展，到西周时已达到它的巅峰状态，青铜器已进入社会各个阶层和生产部分，并得到广泛的应用。从考古发现来看，西周时的青铜器，无论从数量，还是从分布区域，均远远超过了商代。东起两周东都洛阳，西到宝鸡，包括曾作过两周都城的丰、镐，北抵东北，南至长江流域的现四川、云南地区，均有大量的青铜器考古发现。

西周初期青铜器的特征，基本上是商代青铜器

西周人形铜车辖

134

西周方彝

渐出现写实性的窃曲纹和波纹，将早期纹饰中以动物的神秘图形为主的花纹加以分解，削弱其神话意义。这可能是当时礼制的宗教色彩有所减弱并走向仪式化的倾向在艺术上的表现。

西周时期青铜器具包括酒器、饮食器及乐器等。酒器主要以壶为主，有方、圆两种、束颈、鼓腹、有耳、圈足、多数有盖，代表作有颂壶和三斗痩壶。炊器以大鼎为主，圆腹、立耳、柱足、鼎耳宽厚，腹部上端内陷，下端略凸。

青铜器在动物雕塑上的体现也基本与青铜器的变化类似，早期基本沿袭商代作风，后来才开始慢慢向写实方向演变，如辽宁喀左旗马厂沟出土的鸭尊纹饰单纯，

的翻版。如簋的方座、鼎、卣、方彝等器物上突起的扉棱，西周初期青铜器对商代青铜器传统的沿袭特别表现在纹饰方面，基本上继承了商末青铜器花纹缛丽的作风，如 1976 年在陕西扶风出土的方彝，通体纹饰缛丽，有三层花的饕餮纹、双身一首龙纹和小立鸟的夔纹等。此外，西周初期的青铜器纹饰依然将很多动物纹饰有意地组合在一起，构成相互追逐、戏耍的场面，富有狞厉的色彩。

西周中期，青铜器纹饰逐渐改变初期对商代传统的沿袭，逐

西周师翻鼎

135

陕西郿县李村出土的盠驹尊，均具有强烈的写实倾向。

随着青铜器的产生和发展，人们逐渐在青铜器上铸造和刻凿铭文，这就是所谓的"金文"，又称"钟鼎文"。金文最早出现在商代，在商王帝乙、帝辛统治时期，有了初步的发展，开始在青铜器上铸造十几个字乃至几十个字的铭文，内容涉及具体的历史事件及人物的活动，目的是为了祭祀祖先，同时传给后代，作为永久的纪念。西周时期，金文也发展到了鼎盛时期，每篇铭文的字数远远超过商代，内容也广为扩展，涉及册命、赏赐、征伐、诉讼和颂扬祖先功绩等等。

西周蟠龙盖

西周金文的发展过程基本上可分为三个阶段。早期金文类似于商代金文，字数较少，内容依然以颂赞祖宗功绩为主，如成王时期的《眉县大鼎》等。这一时期历经武、成、康、昭四位皇帝。中期金文以穆、恭、懿、孝四位皇帝统治期为时间段，篇幅开始加长，风格也一改早期的波磔且肥笔的字划，转而均匀、圆润、饱满、结构简单，较为质朴。如孝王时期的《大克鼎》等，到夷、厉、宣、幽四世，西周金文进入到它的高峰期，笔划均衡对称，波磔消失，并开"篆"之端。如宣王时期的《毛公鼎》，字划圆劲、气势强雄，铭文也多达四百九十字之多。

金文所记载的内容，涉及广泛，包

西周太保乌卣

华夏文明的曙光

136

括赏赐、征讨、诉讼、册命及颂扬祖先功绩等等，如昭王时期的《令鼎》，讲述的是令参加周王的藉田礼，担任王室车队先导，因功劳大而被赐于臣仆 30 家。厉王时期的《朕匜》讲述的则是牧牛宜与朕打官司，被施以鞭刑的事，金文中记载最多的还要数战争事件，几乎包括所有西周时期内外战争。

金文的出现及普及，反映了西周到春秋 600 年间中国文字的使用情况，由于当时一些其他的语言文字如石鼓文和简牍帛书

大克鼎铭文

不易保存至今，故金文对于我们现在研究西周春秋时期语言文字的演变，具有很大的帮助。

眉县大鼎铭文

137

华夏文明的曙光

刺绣工艺产生于周代

西周方格彩毯。彩毯为深褐色地，上以红、蓝、白三色毛线织成方格纹。

刺绣是中国古老的手工技艺。《尚书·益稷》记载虞舜时就用五彩缔绣作礼服。什么是绣，古人和今人在概念上有所不同。今人谓绣，是指以绣花线在纺织物上绣出花纹；而古人谓绣，也包括五彩的画缋在内。

在原始社会，人们用纹身、纹面、纹缋服装等方式来美化生活。但服装上纹缋的花纹，毕竟会在运动中磨擦时剥落毁损。后来人们乃渐知绣，用丝线将花样绣在衣服上既美观又牢固。周代《诗经·秦风·终南》中"黻衣绣裳"，《幽风·九罭》中《衮衣绣裳》等诗句，说明西周已出现了刺绣这种工艺。《考工记》记载周代官府"设色之工"中的画缋，也包括刺绣在内。

西周时，绣是"人君后妃"之服或"天子之服"，其他人是不能越级服用的。当时列国诸侯间也常以高贵的锦绣作为相互馈赠的礼物。春秋战国时期，随着列强兼并，政治斗争剧

辫子股刺绣印痕

辫子股刺绣印痕。这是弭伯妾倪墓室第二层淤泥上残留的刺绣印痕。从印痕可见，这种刺绣，系先用黄色丝线在染过色的丝绸上绣出纹样的轮廓线条，再以毛笔蘸色在花纹部位涂绘大块颜色。色有红、黄、褐、棕四种，其中红色为天然朱砂（硫化汞），黄色为石黄（三硫化二砷和硫化砷），用这两种矿物颜料加入粘着剂以后涂染织物，有一定牢度，色相也非常鲜明。其它颜色系植物染料所染。

烈发展，诸侯间的政治交往日益频繁，生活享受日益奢侈，刺绣的产量也不断提高。《史记·苏秦列传》记载苏秦说赵，赵王"乃饰白乘，黄金千镒，白璧百双，锦绣千纯，以约诸侯。"当时贵族厚葬之风盛行，按礼制规定，诸侯之棺，如衣缔绣。甚至楚庄王有爱马，也以文绣为衣。可见刺绣数量较多，而且价格相当高。

螺钿漆器工艺产生

　　螺钿漆器工艺产生的时间，有不同的看法，有认为产生于西周；有人认为螺钿镶嵌技术在南北朝时已能运用，到中唐时朝就达到成熟的阶段。但从琉璃河漆器的发现说明前一种看法是有所根据。

　　1981年至1983年在北京琉璃河燕国基地12座基葬中发掘出来的豆、瓿、罍、壶、篦、杯、盘、俎等多种木胎漆器。漆　和漆瓿都是朱漆地、褐漆花纹。漆豆则是褐地朱彩。豆盘上用蚌泡和蚌片镶嵌，与上下的朱色弦纹组成装饰纹带；豆柄则用蚌片镶嵌出眉、目、鼻等部位，与朱漆纹样合成饕餮图案。喇叭形的瓿身上除了由线雕的三条变形夔龙组成的花纹带外，上下还贴有金箔三圈，并用绿松石镶嵌。漆罍的装饰纹样最为繁缛。除在朱漆地上绘出褐色的云雷纹、弦纹等纹样外，器盖上还用细小的蚌片嵌出圆涡纹图案，颈、肩、

华夏文明的曙光

西周彩绘兽面凤鸟纹嵌螺钿漆垒

腹部也用很多加工成一定形状的蚌片，嵌出凤鸟、圆涡积饕餮的图形。此外，在盖和器身上还有附加的牛头形饰件，器身中部有鸟头形器把。这些鸟兽形象的附件上也用蚌片镶嵌，使牛头和凤鸟的形象更加突出。而镶嵌用的那些蚌片表面光滑平直，边缘整齐，蚌片之间接缝十分紧密。当时蚌片的磨制和镶嵌技术都已达到相当的水平，绝非螺钿初始阶段所及。说明我国的螺钿漆器可以上溯到西周。

西周漆器自本世纪三十年代以来，在河南、陕西、湖北等省不断有所发现，可惜也大都残坏。1933年在西周卫国墓中发现蚌泡，因出土时多环绕在其他器物的周围，意识到蚌泡是其他器物的饰物。20年后在陕西长安普渡村西周一号墓发现围绕在陶器周围的蚌泡，上面留有附着的漆皮。由于漆皮有摺皱和重叠，推测漆皮里面原有一层木质或编织的"腔"。所谓"腔"，实际上就是漆器的胎骨。

商周青铜生产工具发达

青铜制造业在中国的商、周时期达到全盛阶段，青铜生产工具日趋多样化，主要品类有针、锥、刀、钻、铲、锯、削、斧、铲、锄、镰、锸等，分别用于农业生产、手工业生产和建筑。

农业生产工具是从事农业生产劳动的重要手段，代表农业生产力的发展水平。从夏、商到周，中国农业生产工具经过飞跃性的改进，经历一个由木石至青铜的发展过程。商代的农具为斧、镰、铲、锛等，从质料上看，青铜农具数量较少。西周农具品类较商代有所发展，从《诗经》等文献资料和出

西周调色器。此器出土时内有矿物粉末，可证明其用途。

土文物中可知，有耜、钱、镈、铚、艾、刀等。湖北黄陂盘龙城、随县、河南安阳大司空村、山西保德、石楼县、江西都昌等地商代遗址中出土青铜斧19件。郑州南关商代青铜器作坊出土斧、斨、刀、镈、凿、锥等生产工具，斧、斨能用于手工业生产也能“伐草木为田以种谷”，镈则专为农具。殷墟妇好墓出土农具16件，其中青铜铲7件。在陕西临潼零口的一个西周窖藏中发现10多件铜镢和铜铲。青铜农具生产和使用的最高峰是在春秋时期，虽然其形制和种类没有超出商和西周，但其数量和质量今非昔比。侯马晋国遗址出土几千块铸造青铜工具的陶范中，镢、斤类等农具的陶范占90%以上，这是黄河流域生产工具的代表。而长江流域使用青铜农具更普遍，在当时吴、越国地区内都出土了锸、锄、镰、斤、耨等农具。这一地区出土的锯镰，或称齿刃铜镰制作科学，用钝后只要在背部稍磨，便又会锋利，它是近代江、浙、闽、鄂等地仍在使用的镰刀的祖型。冶铸业以农民个体家庭“人而能为镈”的小手工业形式存在，反映出青铜农

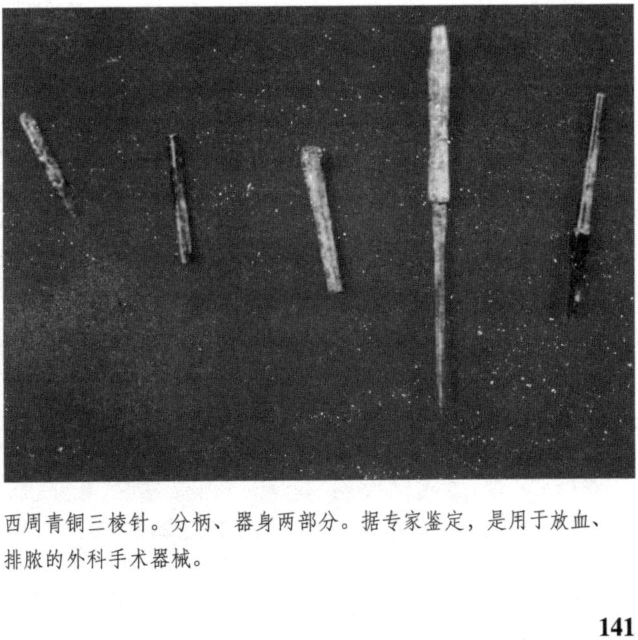

西周青铜三棱针。分柄、器身两部分。据专家鉴定，是用于放血、排脓的外科手术器械。

西周矛盾车衡。从这件车衡两端的矛形设计，能体会到先秦时车用于兵战之重要。

具使用的普及。当然石、蚌、竹、木制农具在农业生产中仍起着不可替代的作用。

手工业生产工具在青铜时代也有不断发展和改进。迄今已发现商朝早期

商代铸铜陶范。商代的铸造技术已十分发达，从这些精细的陶范即可见一斑。

遗址中留下的青铜器工具达 30 件，种类有镞、锛、凿、刀等。四坝文化仅 1976 年在玉门火烧沟 312 墓中就出土了 200 多件青铜器，主要是刀、斧、锥、凿、针等手工业生产工具。这些工具的特点有：一是种类和数量增长，形制复杂；二是青铜工具含锡量明显提高；三是锡青铜和铅青铜器在手工业生产工具中占 80%，这些是我国进入青铜时代的主要标志。

商周时期建筑工具类的青铜器有四种：一为斧、镬、锛，主要用于挖土；二为铲类，属挖土工具，河南安阳大司空村出土的一件完整的铜铲，其形状与现代的铲相同，另外两件铜锸与铲的功能相同，同属铲类；三是凿，与近代凿相似，截面成梯形用于竹木加工；四是钻和锯，

西周康侯斧。上端有突起的缘，侧有一系环。上有铭"康侯"二字。刃近圆形。斧共两件，或称为钺，但銎的方向与钺不同。

华夏文明的曙光

钻是穿圆孔工具，锯是剖截竹、木、骨、角材料的用具，在安阳殷废墟、黄陂黄龙城、历城大辛庄等商周遗址中均发现铜锯，可见青铜工具在建筑业中得到广泛使用。

商周时期共出土青铜生产工具 4000 件以上，长江流域和黄河流域均有发现。到春秋晚期和战国时代，由于冶铁业的发展，各种青铜生产工具逐渐被铁制工具所排挤，农具、手工业生产工具、建筑用的工具进入一个新的时代。因而商周青铜生产工具的发达在中国文明史上起着承上启下的作用。

中国原始瓷器产生

西周原始瓷尊

瓷器是在制陶工艺水平不断提高、长期积累经验的基础上产生的。与陶器相比要求复杂的工艺，更美观也更耐用。我国是世界上最早发明瓷器的国家。我国的原始瓷器产生于周期。

经过是夏商时期的发展，中国古代制陶技术在周代发展到新的高度。在灰陶、白陶进一步发展基础上，又发明印纹硬陶和原始瓷器。灰陶是指采用易熔粘土为原料的泥质陶和夹砂陶，周代已被人们广泛使用。白陶在仰韶、大汶口、偃师二里头等遗址中有发现，殷商时白陶技术达到极盛阶段，西周后因印纹硬陶和原始瓷的发展而日渐少见。原始瓷始见于商代中期，尔后产量呈不断上长趋势。如吴越文化遗址一期所出釉陶占总数的 3.84%，原始瓷仅占 0.23%，二期釉陶占 3.87%，原始瓷占 1.21%，到了三期文化，釉陶便升至 16.6%，原始瓷升到 12.6%。

原始瓷器的原料在产生初期的周期主要是瓷石、高岭土，选择加工是就

143

西周原始瓷带柄壶。底
淡棕色，小口、斜肩、
短颈、鼓腹、有鋬。从
颈至腹密饰弦纹。

华夏文明的曙光

西周青釉弦纹索耳盂

西周原始瓷三系罐。釉极薄，黄褐色，直
口、短颈、鼓腹、圈足，肩有三横系。肩
腹遍饰弦纹。

地取材。原始瓷在西周时多用泥条盘筑法，外表经过修理，很少留有痕迹，到春秋战国，南方不少地方彩陶车拉坯成形，胎质较薄，壁厚亦较均匀，河南郑州出土的原始瓷尊，高 11.5 厘米，口径 18.5 厘米，胎质为高岭土，器表涂有一层青釉，烧制火候达 1200℃以上，质地致密坚硬，吸水性弱，已具备瓷器的基本特征。原始瓷器从选料、成形、施釉到烧制，都比较原始，故不管胎还是釉，质量与真瓷都存在一定

西周原始瓷划水波纹双系罐。造型特别，敛口，腹径棱角凸出，由口沿斜延至腹径。肩部安两小横系。釉呈米黄色。肩饰水波纹及弦纹。

的差距，但它毕竟是真瓷的前身，它的产生是个伟大的起点。

钟发源

　　钟在古代被称为"声之主"，《周礼·春官》已记载古时有钟师的官职，"掌全奏。凡乐事以钟奏《九夏》……凡祭祀、飨食奏燕乐，凡射……，掌鼙鼓缦乐。"《诗经·关雎》已有"钟鼓乐之"语。马承源主编的《中国青铜器》一书中，对钟有过这么一段陈述。"钟，西周和东周的青铜打击乐器。钟的形式是从铙演化而来，基本形式是在两侧尖锐的扁体共鸣箱上部的平面上，有一个可悬的柄。"宋代薛尚功《历代钟鼎彝器款识》中收录了数枚商钟，但学术界已一致认为这几枚钟有问题，有的应是战国时器。西周中期，钟才开始大量出现，均为青铜所铸。演奏时或手持铎、铙；或置于座上，称铍，大铙。

　　《说文解字》说："钟，乐钟也。秋分音，物种成，从金童声。古者垂作钟。铺，钟或从甬。"这种说法完全不可信。在甲骨文里，没有"钟"这

华夏文明的曙光

梁其钟。为西周晚期代表作。

个字，这是不是说钟这种乐器是周人发明的？商代应该已有这类打击乐器，只是当时把它叫"庸"。"庸"甲骨文，从用从庚。在卜辞中也是一种乐器名。如《甲编》六四一片：重祖丁庸奏。意思就是祭祀祖丁时演奏"庸"这种乐器。《诗经·商颂·那》有"庸鼓有斁"句，《商颂》虽然出现年代较晚，但应该还保留下商民族的一些传统语言特点。毛诗《传》云："大钟曰庸。"汉代经师极讲究考证，注解应该可信。而《尔雅释乐》也有"大钟谓之庸"之说。

从音韵方面考察，"钟"，古音属章母东部，这在前面已提过。而"庸"，古音属余母东部，两字是韵母全同，只是声母部位略有不同。另外，《说文》中提及的"钟"又用"钟"又用"铜"，其声符"甬"与"庸"在古时是完全同音的。而古文献中，庸鼓连用的例也不难找到。像上引"庸鼓有斁"名，跟《关雎》"钟鼓乐之"是完全可替换的。这也可做一辅证，证明"钟""庸"只是不同民族对同一乐器的不同称呼。总之，"钟"在西周以前，或更准确地说，在商民族中，被称为"庸"，所指的该是单个的打击乐器，亦即大铙。称为"钟"或"庸"，都是模拟这种乐器的声响。这种乐器在后代有所发展和演进。

"钟"在西周中期（恭王）以后，才越来越普遍。但是，从西周中期到春秋末期，钟在形制上有所发展。这主要和音乐知识的提高有关。

从铭文上的自名看，西周中期以后，"钟"的主要称谓有"龢钟"和"林钟"两种。有时也称"宝钟"，相信只是一种泛称。但春秋以后，"林钟"这种称谓已不再用。"龢钟"还不能如某些专家所说，指一套套的编钟。虽然，被自名为"林钟"的器往往不止一枚。但我们现在称为"编钟"的，主要是从音律的观点出发的。也就是说专指一套包含不同音阶的乐器钟。假如"林钟"的概念指的是一套套的钟，我们就很难解释为什么有些称为"林钟"的，却只一枚？如《师奰钟》。当然，"龢钟"或"宝钟"也有数枚的。我们认为称作"龢钟"主要是取相协之意，这当中包含古人对音乐审美的要求。

春秋时期，在南方楚、吴、越一带，"钟"的名称较独特，相信是受到方言的影响。比如称"鸡钟"（《者减钟》）、"訶钟"（《蔡侯钟》）。而在齐、鲁、秦、晋等广大的地域上，则还是延用"龢钟"之称。到了春秋晚期，

西周甬钟。舞及篆间饰云纹，鼓饰相对顾首鸟纹，右侧有立鸟。铭文在钲间。年代为西周中期偏晚，甬钟形制特点业已成熟。

连南方的吴、越、楚、徐等地都习称"龢钟"了。

在西周中期，铸钟已有同时铸数枚的套钟，但单个的钟还是较普遍。当时钟的性质应该还局限于祭祀时用作礼器。反之，到了春秋以后，礼崩乐坏，当时铸钟喜尚一组组的套钟，性质已完全为了宴飨诸侯了。《晏子春秋外篇》八记载景公铸大钟，正想悬挂起来，适逢晏子、仲尼和柏常骞三人来拜见景公，都以为"钟将毁"。晏子的理由是"钟大，不祀先君而以燕（宴），非礼。"这则记载正反映当时的风气已不复虔敬。

147

㝬钟

㝬钟，又名"宗周钟"或"胡钟"，最初著录于《西清古鉴》，阮元《积古斋钟鼎款识》又据山阴陈广宁藏器的拓本，录于三卷八叶，是周厉王胡所作。

㝬钟铭文中交错使用第一人称的祷词和第三人称的叙述性语言，大意为厉王长循文、武之美德，勤劳治理疆土。南方蛮国不敢侵扰周的疆土；厉王敉平他的叛乱，搏伐他的都城。蛮国君长乃去除防御来迎见王，南夷、东夷二十六小国都来觐见臣服于王，皇天上帝诸神，都保佑我。我治国有谋，成就赫赫，无可匹敌，我继文武之德为天子，顺应天命。厉王于是作宗周宝钟，先王下降多福于我，造福于我的孙孙子子，长寿永年，裨益于我。

㝬钟铭文

据铭文，此簋铸于厉王十二年，它的铸成为西周铜器断代增加了一份重要的资料。

周幽王烽火戏诸侯

周宣王死后，子宫涅继位，是为幽王。周幽王初立时，社会动荡不安，内外交困，而周幽王却以"善谀好利"的虢石父为卿士，引起国人极大的怨愤。他又宠爱褒姒，废申后和太子宜臼，立褒姒为皇后，以褒姒子伯服为太子。

褒姒为褒国（今陕西汉中西北）人，姒姓。幽王昏庸，只知讨好褒姒，不理国事。褒姒不善笑，幽王费尽心机欲图褒姒一笑，而褒姒始终不笑。在古时为传递军事情况，往往于军事要地，每隔一段距离建一座高大的台子，谓之"烽火台"。一旦知敌入侵，白天则举烟，夜里则举火报警。倘若

烽火戏诸侯图

周天子举烽火报警，诸侯皆有派兵驰援之义务。周幽王为图褒姒一笑，无敌来犯却点燃烽火，诸侯闻警，纷纷率兵马至京城勤王，来到之后，方知空跑一场。此情景引起褒姒开怀大笑。幽王为此而数举烽火，其后诸侯遂不至。

149

西周人食用饴糖

中国是世界上最早制糖的国家之一。早期制得的糖主要有饴糖、蔗糖，而饴糖占有更重要的地位。

史前时期，人类就已知道从鲜果、蜂蜜、植物中摄取甜味食物。后发展为从谷物中制取饴糖。西周的《诗经·大雅》中有"周原膴膴，堇荼如饴"的诗句，意思是周的土地十分肥美，连堇荼和苦苣也象饴糖一样甜。说明远在西周时人们就开始食用饴糖。

饴糖是一种以米（淀粉）和以麦芽经过糖化熬煮而成的糖，呈粘稠状，俗称麦芽糖。饴糖被认为是世界上最早制造出来的糖。中国自西周创制饴糖以来，民间流传普遍，广泛食用。西周至汉代的史书中都有饴糖食用、制作的记载。其中，北魏贾思勰所著的《齐民要术》记述最为详尽。

幽王被杀·西周灭亡

姬宫涅（幽王）因宠爱褒姒，于幽王五年废申后及其太子宜臼。此事虽遭大臣卿士反对，但姬宫涅一意孤行。宜臼被废后，逃往其母家申国逃难。此时周王朝之力量十分衰微，无异于一中等诸侯国，齐鲁晋卫已摆脱王室控制。申侯虽不满姬宫涅，然尚未公然叛周。幽王八年，姬宫涅立褒姒子伯服为太子，遂使周、申间之矛盾趋于表现化。幽王九年，申侯与西戎及邻侯结盟，做联合反周的准备。次年，姬宫涅针锋相对，与诸侯盟于太室山，并派兵讨伐申国以示威。幽王十一年（前771），申侯与邻国、犬戎举兵伐镐京，姬宫涅燃烽火而诸侯不至，势穷力孤，被打得大败，带领褒姒、伯服等人及郑伯友（桓公）东逃，于骊山下坡追及。戎兵杀姬宫涅、伯服与郑伯友、虏褒姒，尽取周室财宝而去。

骊山烽火台遗址，相传是周幽王烽火戏诸侯的地方。

西周龙头钺。钺是一种大型的斧，可作为杀戮的刑具，此钺以龙体的弯曲成钺的形状，龙头向下，双角耸起，吻部上翘，张口露出獠牙。下部有三个长方形孔，可用皮条缚住秘，使之牢固，秘的另一头套在张开的龙口内。此钺设计构思巧妙，别具匠心。

151

幽王死后，申侯、鲁侯、许文公等共立原太子宜臼于申，虢公翰又另立王子余臣子携（今地不详），形成两王并立。宜臼为避犬戎，迁都到洛邑，是为周平王。余臣在前 760 年被晋文侯所杀。

西周刖刑奴隶守门鬲